예수님의
성찬식 선언
3가지

관유에서 보혈로

예수님의 성찬식 선언 3가지
- 관유에서 보혈로

초판 1쇄 발행 2024년 8월 22일
      2쇄 발행 2024년 9월 13일

지은이 · 조병호
펴낸곳 · 도서출판 통독원
디자인 · 전민영

주소 · 서울시 강남구 선릉로 806
전화 · 02)525-7794 팩 스 · 02)587-7794
홈페이지 · www.tongbooks.com
등록 · 제21-503호(1993.10.28)

ISBN 979-11-90540-49-0 03230

from the
SACRED ANOINTING OIL
to the PRECIOUS BLOOD
of JESUS

예수님의
성찬식 선언
3가지
관유에서 보혈로

조병호 지음

통독원

추천사 ·

✒ Dr. Ronnie W. Floyd ✒

Author, Speaker, Ministry Strategist, and Past President of the Southern Baptist
Convention, the National Day of Prayer, and the Pastor Emeritus of Cross Church

Through the Global Church Network, I had the pleasure of meeting Dr. Byoungho Zoh. When I preached God's Word in one of their global gatherings in Manila, Philippines, I deeply sensed the Spirit of Jesus upon Dr. Zoh and everything he shared.

This made me aware of his extraordinary commitment to the Bible and the fulfillment of the Great Commission. His passionate zeal for Scripture and helping people to understand the Scriptures is genuine.

Believing the crucifixion of Jesus is the unified narrative of the Bible, which demonstrates how much God loves us and everyone across the globe. Over a decade ago, I led our multi-campus church in America to change our name to Cross Church. After reading his newest work, Jesus' Three Communion Declarations, I wanted to give a standing ovation for his deep commitment to the cross of Jesus Christ. When he writes about the Old Testament narrative leading "To the cross," the Four Gospels tell us the story of "The cross," and the Acts to the Epistles share with us the story, "From the cross," I wanted to shout! God loves us so much!

Thank you, Dr. Byoungho Zoh, for your love and passion for the Bible, Jesus Christ, our Lord and Savior, and the supernatural power of the Holy Spirit. God uses you to invest, inspire, and influence the Global Church! To God alone be the glory!

❧ 로니 W. 플로이드 박사 ❧

미국남침례교 전 총회장, 미국 국가기도의 날 전 의장, 크로스 처치 원로목사

글로벌처치네트워크(GCN)를 통해 조병호 박사님을 만나게 되어 기뻤습니다. 필리핀 마닐라에서 열린 글로벌처치 모임에서 하나님의 말씀을 전할 때, 저는 조 박사님과 그가 나누는 모든 말씀에 예수님의 영이 임하는 것을 깊이 느꼈습니다. 이를 통해 저는 성경에 대한 그의 특별한 헌신과 지상명령의 성취를 알게 되었습니다. 성경에 대한 그의 열정과 사람들이 성경을 이해하도록 돕는 그의 노력은 진심입니다.

예수님의 십자가 사건을 믿는 것은 성경의 일관된 이야기이며, 이는 하나님께서 우리와 전 세계 모든 사람을 얼마나 사랑하시는지를 보여줍니다. 십여 년 전, 저는 섬기고 있는 미국의 여러 캠퍼스 교회의 이름을 '크로스 처치'로 변경했습니다. 《예수님의 성찬식 선언 3가지》를 읽은 후, 예수 그리스도의 십자가에 대한 그의 깊은 헌신에 기립 박수를 보내고 싶습니다. 그가 '십자가로'(to the Cross)로 이어지는 구약의 내러티브를 사복음서에서 '십자가'(the Cross)로, 사도행전에서 서신서까지 '십자가로부터'(from the Cross)라는 이야기를 들려줄 때, 저는 외치고 싶었습니다! 하나님께서는 우리를 정말 사랑하십니다!

조 박사님의 성경에 대한 사랑과 열정, 우리의 구주이신 예수 그리스도, 그리고 성령님의 초자연적인 능력에 감사드립니다. 하나님께서는 조 박사님을 통해 세계 교회를 풍요롭게 하고, 영감과 영향력을 주십니다. 하나님께만 영광을 돌립니다!

❧ Dr. Leonard Sweet ❧

best-selling author (most recently The Sound of Light, Jesus Human, Designer Jesus)
professor (Drew University, George Fox University, Northwind Seminary)

Dr. Byoungho Zoh's Jesus' Three Communion Declarations offers a stunningly fresh perspective on communion and the connection between sacred anointing oil and Jesus' blood. By approaching the Bible as one cohesive narrative, Dr. Zoh uncovers insights that have long been hidden in plain sight, solidifying his reputation as one of the world's leading voices in biblical scholarship. A must-read for anyone seeking to deepen their grasp of biblical interconnections, intertextuality, and symbolism.

❧ 레너드 스윗 박사 ❧

베스트셀러 작가 (《빛의 소리》, 《예수 인간》, 《디자이너 예수》 등)
교수 (드루 대학교, 조지 폭스 대학교, 노스윈드 신학교)

조병호 박사님의 《예수님의 성찬식 선언 3가지 : 관유에서 보혈로》는 성찬과 성스러운 기름 부음과 예수님의 피의 연관성에 대해 놀랍도록 신선한 관점을 제시합니다. 조 박사님은 성경을 하나의 일관된 이야기로 접근합니다. 그는 통찰력을 발휘하여 눈앞에 있지만 아무도 볼 수 없었던 내용을 보여줌으로써 성서학계의 세계적 권위자로 명성을 굳건히 하고 있습니다. 이 책은 성경의 상호 연관성, 상호 텍스트성, 상징성을 더 깊이 이해하고자 하는 사람이라면 반드시 읽어야 할 필독서입니다.

✄Dr. James O. Davis ✄

Founder/President
Global Church Network, Global Church Divinity School

When I reflect on Dr. Byoungho Zoh and his latest book, 《Jesus' Three Communion Declarations : From The Sacred Anointing Oil To The Precious Blood of Jesus》, friendship, leadership and scholarship are at the front of my mind.

Through God's providence Dr. Zoh and I met for the first time in person at The Wittenberg 2017 Congress, in celebration of the 500th Anniversary of the Protestant Reformation. I am most grateful for our friendship that has been forged in faith with focus to finish the Great Commission.

In addition to friendship, his visionary leadership attracts the best of Christian leaders and inspires them to live their life on the heavenly level in Christ Jesus. His walk with the Creator is revealed through his information, inspiration and impartation. I always leave his presence a brighter person and better man.

Through his scholarship he has masterfully connected and communicated Jesus' Three Communion Declarations. In the so called modern era, we need to reminded of the wonderful working power in the blood of the Lamb. Just as the Israelites went out under the blood with a lamb on the inside, Dr. Zoh moves the reader from "then" to "now," and from remembering "the day of the Passover" to "remembering "the Lamb of God." He has written the quintessential book to renewing the reverence of the Lord's Supper and receiving its power in our lives. I highly recommend every Christian leader to purchase a box of Jesus' Three Communions and invest them into their congregants or/and their leadership team.

⚜ 제임스 O. 데이비스 박사 ⚜

글로벌 처치 네트워크(GCN) 설립자, 글로벌 처치 디비니티 스쿨(GCDS) 대표

조병호 박사님의 최신 저서인 《예수님의 성찬식 선언 3가지 : 관유에서 보혈로》를 생각하면서 저는 제일 먼저 우정, 리더십, 그리고 학문이라는 단어들이 떠오릅니다.

하나님의 섭리를 통해 조 박사님과 저는 개신교 종교개혁 500주년을 기념하는 2017년 비텐베르크 대회에서 처음으로 직접 만났습니다. 지상 명령을 완수하기 위한 믿음으로 맺어진 우리의 우정에 항상 감사하고 있습니다.

우정 외에도 그의 비전 있는 리더십은 최고의 기독교 지도자들을 끌어당기고 그들이 그리스도 예수 안에서 천국 수준의 삶을 살도록 영감을 줍니다. 창조주 하나님과의 동행은 그의 정보력, 영감, 그리고 전수를 통해 드러납니다. 나는 조 박사님과 만나고 나면 항상 더 밝은 사람, 더 나은 사람이 되는 것을 느낍니다.

그는 자신의 학문적 능력으로 '예수님의 성찬식 선언 3가지'를 훌륭하게 연결하고 전달합니다. 소위 현대라고 불리는 시대에, 우리는 어린양의 피에 담긴 놀라운 역동적 능력을 상기할 필요가 있습니다. 이스라엘 백

성이 어린양의 피로 나갔던 것처럼, 조 박사님은 독자들을 '그때'에서 '지금'으로, '유월절 날'을 기억하는 것에서 '하나님의 어린양'을 기억하는 것으로 이끕니다. 그는 성찬의 경건함을 새롭게 하고 우리 삶에서 그 능력을 받도록 하는 놀라운 책을 썼습니다. 저는 모든 기독교 지도자들에게 이 책을 한 상자씩 구매하여 성도들과 주변 사람에게 선물할 것을 강력히 추천합니다.

❧ Dr. Craig S. Keener ❧

F. M. and Ada Thompson Professor of Biblical Studies,
Asbury Theological Seminary

As one would expect from Dr. Byoungho Zoh, 《Jesus' Three Communion Declarations : From The Sacred Anointing Oil To The Precious Blood of Jesus》 is immersed in Scripture. Dr. Zoh ably weaves together an important thread that runs through Scripture, from Passover to the Lord's Supper. In so doing he also points us to the climax of saving history, Jesus's death and resurrection on our behalf. He also connects the thread from God dwelling among Israel to the Spirit living in us. The Lord's Supper that we celebrate invites us to remember God's plan of salvation and empowerment for mission.

✒ 크레이그 S. 키너 박사 ✒

애즈베리 신학교 신약학 교수
미국복음주의신학회 의장

조병호 박사님께 기대할 수 있듯이,《예수님의 성찬식 선언 3가지 : 관유에서 보혈로》는 성경 말씀 속에 흠뻑 담겨 있습니다. 조 박사님은 유월절에서 주의 성찬에 이르기까지 성경을 관통하는 중요한 실타래를 능숙하게 엮어내고 있습니다. 그렇게 함으로써 그는 우리를 대신하여 우리를 구원하신 예수님의 죽음과 부활이라는 구원 역사의 절정을 가리킵니다. 또한, '이스라엘 가운데 거하시는 하나님'에서 '우리 안에 거하시는 성령님'으로까지 연결해 줍니다. 우리가 기념하는 주의 성찬은 하나님의 구원 계획과 선교를 위한 능력을 기억하도록 우리를 초대합니다.

❦ 권용근 박사 ❦
(전 영남신학대학교 총장)

조병호 박사님의 성경 보기는 한 지점을 향해서 들어가 보는데 모든 것을 볼 수 있는 특징이 있다. 성경의 한 주제에 천착해 들어가지만 그 주제는 모든 주제와 연결되고 성경의 모든 곳에서 발견되는 신비함이 있다. 이는 그가 성경을 많이 읽고 깊이 연구한 결과로 성경을 하나의 이야기, 통(通)으로 보고 있는 이유일 것이다.

이번에도 그는 '성찬'의 문제에 천착하여 역작을 내어놓았다. 그는 성찬을 첫 유월절 어린양을 기념하는 '제사장 나라' 언약의 상징에 뿌리를 내리고 있다고 본다. 그리고 예수님의 성찬은 '하나님의 나라'에 대한 새 언약의 상징으로 보며 구약의 관유에서 예수님의 보혈로 전환되는 과정을 설명하는데 이런 그의 통찰은 매우 뛰어나다. 또한 그는 성찬의 새 언약 속에 마지막 유월절, 첫 번째 성찬식, 십자가로 완성되는 구원과 '하나님의 나라'를 담아서 설명하고 있다.

지금 교회에서 이루어지는 성찬 예식은 형식도 약화되고 의미도 지극히 개인적인 것으로 국소화되어 성찬을 통한 비전도, 감격도 약화되어 가고 있다. 그래서 저자는 모든 교회도 예수님의 성찬을 100번이 아니라 1,000번 이상이라도 지키면서 감격과 기쁨을 가질 것을 강조하고 있다. 그러므로 주께로부터 받은 성찬(고전 11:23)을 통해 삶의 감격과 교회의 비전을 놓치고 싶지 않은 목회자들과 성도들은 필수적으로 이 책을 읽어 보시킬 강력하게 추천한다.

⊱ 김경진 박사 ⊰
(소망교회 담임목사, 전 장로회신학대학교 교수)

말씀 중심의 개혁교회가 가지고 있는 큰 아쉬움 중 하나는 성례전, 특히 성찬 성례전의 드문 시행일 것입니다. 현대에 이르러 개혁교회 안에서도 성찬 성례전의 회복이 이루어지고 있어서 다행이라 생각되던 중에, 조병호 박사님의 성찬에 관한 귀한 책이 발간되어 감사한 마음입니다.

특별히 조 박사님의 이 책은 예수님의 성찬 예식을 구약 유월절의 의미에서부터 살피고 있다는 데 의미가 있습니다. 무엇보다 그의 창의적인 연구는 성찬의 의미를 하나님 나라의 공직 예전인 관유로부터 시작하여 하나님의 구원 사역인 보혈의 의미로까지 나아갑니다.

그의 책을 읽다 보면, 마치 성경이 하나로 꿰어지듯, 성찬의 의미가 새로운 모습으로 다가옴을 느끼게 됩니다. 하나님 구원의 큰 그림을 볼 수 있도록 돕는 《예수님의 성찬식 선언 3가지 : 관유에서 보혈로》를 모든 성도와 신학도들에게 기쁜 마음으로 추천합니다.

⊱ 김연현 박사 ⊰
(구락교회 담임목사, 법학박사)

'통通박사' 조병호 목사는 성찬의 의미를 구약에서부터 끄집어낸다. 구약 속에 나타난 제의문화에서 엿볼 수 있는 가장 핵심적인 '피'를 언급하고 있으며, 특히 출애굽 史에서 볼 수 있는 유월절 어린양의 '피'의 사건(출 12:13-14)과 신약 시대의 예수님의 유월절 최후 만찬을 접목시킴으로서 구약과 신약은 '통'이라는 것을 가리키고 있다.

위에서 언급한 유월절(Passover)이란 '지난다', '넘어 뛴다', 혹은 '용서한다'(목숨을) 등의 뜻이 있다(출 12:13,23,27; 사 31:5).

신약성서 속에서의 성찬(Eucharist)의 의미는 예수님의 죽음 전날 밤에 열두 제자와 함께 회식한 최후 만찬이 성찬의 기원이자, 의미로 되어 있다(마 2장; 막 14장; 눅 22장; 요 13장). 이 만찬에서 예수님은 떡과 포도주를 통하여 자신의 죽음을 분명히 밝히시고 장차 하늘나라에서의 축연을 상징하는 전조로서 떡과 포도주를 나누어 주신다.

성만찬에 관한 최고(最古)의 진술은 고전 11:23 이하에 나타나 있는 바울의 진술이다. 그리스도의 몸과 피는 자기의 생명을 사죄의 새 언약으로 주신 것을 뜻하고 있다. 특히 그리스도의 '살'을 먹고 '피'를 마신다는 〈요한복음〉의 진술(요 6:53-56)과 일치한다.

조병호 박사는 《예수님의 성찬식 선언 3가지 : 관유에서 보혈로》를 통해 성찬의 기원을 구약에서부터 끄집어내고 있다. 구약 시대의 유월절 '피'와 신약 시대의 예수님의 '살과 피'는 모두 기억이나 상징, 기념이 아닌 명령인 것이다. 즉, 하나님과 인간, 예수님과 인류 간의 계약으로 인간의 구원을 묵시적으로 암시하고 있다. 그러므로 성찬의 의미와 구약과 신약은 한마디로 '통(通)'이라고 쉽게 풀어주는 이 책이 많은 목회자에게 사랑받기를 기원하며 출간을 雙手 들어 환영한다.

☞ 김영래 박사 ☜
(감리교신학대학교 교수)

한국이 자랑하는 세계적 K-Bible의 대표주자 '통通박사' 조병호의 저서 《예수님의 성찬식 선언 3가지 : 관유에서 보혈로》는 성찬식의 심오한 의미와 역사적 맥락을 탁월하게 탐구한 역작입니다. 이 책은 예수님의 성찬식에 담긴 세 가지 선언을 중심으로, 신앙인들이 믿음의 본질과 예배의 핵심을 새롭게 조명할 수 있도록 이끕니다.

첫 장에서는 예수님께서 첫 번째 성찬식에서 선언하신 '새 언약'의 깊은 의미를 다룹니다. 예수님은 떡과 포도주를 통해 자신의 살과 피를 상징화하며, 성찬식을 통해 그리스도인들이 매번 그분의 구속사역을 기억하고 감사하게 합니다. 조병호 박사는 이 선언이 예수님의 희생과 사랑을 어떻게 담고 있는지 감동적으로 설명합니다.

두 번째 선언은 예수님께서 성찬식을 통해 '그리스도인'을 선언하셨다는 점입니다. 예수님과 하나 된 그리스도인들은 하나님 나라의 공직자로서의 사명을 부여받았음을 강조합니다. 이는 성찬식이 단순한 의례를 넘어, 그리스도인으로서의 정체성과 사명을 새기게 하는 중요한 순간임을 일깨웁니다.

세 번째 선언은 보혜사 성령의 임재를 선언하신 것입니다. 예수님은 성령의 임재를 통해 제자들과 항상 함께하겠다고 약속하셨습니다. 조병호 박사는 이 성령의 임재가 교회와 그리스도인들에게 어떤 의미인지, 그리고 성찬식이 성령의 역사와 어떻게 연결되는지를 깊이 있게 설명합니다. 성령의 임재는 신앙의 여정에서 그리스도인들에게 지속적인 힘과 용기를 주는 원천이 됩니다.

또한, 이 책은 성경 전체를 예수 그리스도의 십자가 이야기로 통합하여 해석합니다. 구약성경의 〈출애굽기〉와 첫 번째 유월절, 그리고 신약성경의 첫 번째 성찬식을 통해 하나님의 구속 계획이 어떻게 완성되었는지를 통찰력 있게 제시합니다. 조병호 박사는 성경 66권을 하나의 이야기로 통합하여 읽어야 한다고 강조하며, 이를 통해 독자들이 성경을 더 깊이 이해할 수 있도록 안내합니다.

조병호 박사의 《예수님의 성찬식 선언 3가지》는 신학적 깊이와 영적 통찰력을 바탕으로 쓰여진 책으로, 성찬식의 본질과 의미를 재조명하는 데 큰 기여를 합니다. 이 책을 통해 독자들은 성찬식을 단순한 의례가 아닌, 신앙의 중심으로 재인식하게 될 것입니다. 예수님의 희생과 사랑을 기억하며, 그분의 가르침을 실천하는 그리스도인의 삶을 다짐하게 하는 이 책은 모든 신앙인들에게 강력히 추천할 만한 귀중한 자산입니다.

조병호 박사의 《예수님의 성찬식 선언 3가지》는 성찬식에 대한 심오한 이해와 예수 그리스도의 구속사역을 깊이 있게 탐구한 책으로, 모든 신앙인들에게 큰 유익을 줄 것입니다. 이 책을 통해 예수님의 성찬식이 단순한 의식이 아닌, 우리 신앙의 핵심적 사건임을 깨닫게 되기를 바랍니다. 조병호 박사의 학문적 깊이와 영적 통찰력이 담긴 이 책은 신앙생활에 큰 자양분이 될 것입니다.

☞ 김형배 목사 ☜
(서산성결교회 담임목사, 글로벌처치 네트워크(GCN) 서울허브 공동대표)

성경은 예수님의 이야기입니다. 예수님의 이야기는 십자가와 부활의 두 기둥을 통해 완성되는데 그 실제를 경험하게 하는 것이 성찬입니다. 그동안 조병호 박사님은 '통通성경'으로 세계 속에 기념비를 세우셨고 여러 권의 책을 통하여 성경을 깊이 있게 이해하게 하였고 성경과 친숙해지는 데 도움을 주었습니다. 이번,《예수님의 성찬식 선언 3가지》는 성찬에 대해 깊은 신학적 이해와 목회 현장에서 어떻게 실현되어야 하는지를 제시하는 탁월한 작품입니다.

이 책은 구약의 '유월절'에서 시작된 하나님의 구원 이야기가 예수님의 '성찬식'으로 어떻게 이어지는지 깊이 설명하고 있고 예수님의 보혈의 권세와 능력이 구약에서부터 이어져 온 하나님의 구원 이야기의 완성임을 알게 해줍니다.

성찬은 예수님께서 "내가 다시 올 때까지 이 일을 행하여 나를 기념하라"(고전 11:26)라고 하실 만큼 중요한 의미를 담고 있습니다. 이 책은 성찬식이 '단순히 과거를 기억하는 것'이 아니라, '현재와 미래를 향한 하나님과의 언약을 갱신하는 순간'임을 강조하고 '성령님의 임재'를 강조합니다. 이는, 성도들이 매번 성찬식에 참여할 때마다, 예수님의 희생과 부활의 능력을 경험하게 하므로 그리스도인으로서의 사명을 더욱 깊이 깨닫게 하는 데 큰 도움이 될 것입니다.

이 책이 목회자와 성도들에게 성찬의 의미를 새롭게 발견하게 하고, 성찬식이 '단순한 예식'이 아니라, 우리의 신앙생활을 더욱 '풍요롭게 하는 중요한 순간'이 되도록 이끌어 줄 것을 기대하며 기쁨으로 추천합니다. 예수가 생명이다!

❧ 노영상 박사 ❧

(실천신학대학원대학교 총장)

조 박사님은 기독교의 성찬식엔 세 가지의 선언이 강조되어 있음을 말합니다. '새 언약 선언'과 '그리스도인의 선언'과 '보혜사 성령의 임재 선언'입니다. 구약의 유월절 어린양의 피가 신약에서는 성찬을 통해 부어지는 예수 그리스도의 피로 선언되고 있습니다(눅 22:19-20). 이에 성찬식은 그리스도의 피를 통한 속량을 강조합니다.

다음으로 조 박사님은 성찬식에서의 주님의 살과 피는 구약 시대의 제사장에게 뿌렸던 거룩한 기름으로서의 관유를 유비하는 것으로, 우리는 신약의 성찬식을 통해 거룩한 나라요 왕 같은 제사장적 직분을 갖게 되는 것임을 말합니다. 곧 우리의 이런 하나님의 거룩한 백성으로서와 제사장적 소명이 기독교인의 정체성을 형성하게 한다는 것입니다(벧전 2:9).

마지막으로 조 박사님은 신약의 성찬식을 통해 우리가 성령님을 받게됨을 언급합니다. 제사장들에게 뿌렸던 관유와 성찬식의 피의 능력으로 말미암아 우리는 성령님의 부으심을 경험하게 됩니다(행 2:37-39).

이상과 같이 성찬식의 세 가지 선언은 기독교 복음의 정수를 나타냅니다. 우리는 성찬식을 통해 우리의 죄를 사함받을 뿐 아니라, 주님 나라 백성으로 거듭나게 됩니다. 조병호 박사님의 책《예수님의 성찬식 선언 3가지》의 출간을 축하드리며 모두 한번 읽어보시길 권유드립니다.

☙ 박성규 박사 ❧
(총신대학교 총장)

2000년 기독교 역사를 이어올 수 있었던 핵심 키워드는 '성경과 교회'입니다. 그런데 이를 다시 풀어서 말하면 '새 언약, 그리스도인, 보혜사 성령님'입니다. 그리고 이를 다시 합하면 '성찬'으로 말할 수 있습니다. '성찬'은 기념하고 또한 성령님을 통한 그리스도의 영적 임재를 경험할 기독교 예전의 한 축이면서 기독교를 이어오게 한 동력입니다.

조병호 박사님의 책《예수님의 성찬식 선언 3가지》를 통해 우리는 구약 제사장의 '관유'를 이해하는 것으로부터 시작해 성경 전체를 배경으로 한 성찬의 의미, 더 나아가 진정한 예수님의 '보혈'을 감사하고 기념하며 그리스도의 영적 임재를 경험하는 것을 성경의 기록대로 이해할 수 있게 되었습니다. 그런 면에서 이 책을 통해 우리의 성찬식이 더 깊은 그리스도의 영적 임재와 신앙적 고백이 있는 성찬식이 되길 기대하며 이 책을 추천합니다.

～ 박영호 목사 ～
(대한예수교장로회 고신총회 증경총회장, 창원새순교회 원로목사)

기독교의 정체성을 보여주는 가장 큰 상징은 세례와 성찬입니다. 세례와 성찬은 예수님께서 사도들에게 시행하라고 하신 유일한 거룩한 예식입니다. 유대교는 유월절, 칠칠절(오순절), 초막절이라는 3대 명절을 지키면서 유대교의 그 정체성을 잃어버리지 않으려고 합니다. 그 가운데 가장 중요한 명절은 유월절입니다. 유대인들이 유월절을 지키는 15단계 가운데 5번째 순서가 '마기드(이야기하기)'라는 순서입니다. 가장 어린아이가 왜 이 밤에 무교병을 먹어야 하는지, 쓴 나물을 먹어야 하는지, 쓴 나물을 두 번씩 소금에 찍어 먹어야 하는지, 왜 기대어 앉아서 먹어야 하느냐고 물으면 가장인 아버지는 망설이지 않고 충분히 설명해 줍니다. 조병호 박사님의 《예수님의 성찬식 선언 3가지》는 누구든지 세례와 성찬을 묶어서 이야기할 수 있도록 안내해 주는 최고의 책입니다.

오래 가려면 쉽고 재미있어야 합니다. 그동안 성찬식은 교의학 책에서 그 의미를 이해하려고 했습니다. 그래서 성찬식에 관한 신학으로 접근하면서 어려웠습니다. 교회 개혁을 시작하고 완성한 루터와 쯔빙글리와 칼빈이 성찬식의 의미라는 주제를 신학으로 접근하려고 모이면 3인 3색이 됩니다. 개신교회는 세례와 성찬식만 가지고도 여러 분파로 나누어집니다. 그러나 조병호 박사님의《예수님의 성찬식 선언 3가지》는 성경에서 출발해서 성경으로 설명하며 성경이 말하는 바를 따라 쉽고 재미있게 그러나 절대 가볍지 않게 묶은 책입니다.

지금은 교회가 새로운 종교개혁을 해야 한다고 외친지 오랩니다. 길은 하나밖에 없습니다. 바른 세례를 통해 교회의 회원을 제대로 만들고, 바른 성찬식을 통해 구원의 감격을 회복해야 합니다. 그리하여 가득한 성령님의 임재 가운데 그리스도의 지상명령을 성취하는 데 헌신해야 합니다. 성찬식이 더 이상 장례식의 분위기가 되게 해서는 안 됩니다. 제사장 나라에서 신앙 회복을 위해 앞선 세대가 잊어버린 유월절을 다시 제사장 나라의 법대로 지키려고 했던 히스기야와 요시야처럼, 지금 우리가 사는 하나님 나라에서 신앙 회복을 위해서는 성찬식을 자주 바르게 시행해야 한다고 믿습니다. 조병호 박사님의《예수님의 성찬식 선언 3가지》가 마음에 불을 지펴 줄 것이라고 확신하며 추천합니다.

소기천 박사
(예수말씀연구소 소장, 전 장로회신학대학교 교수)

이 세상에서 저자처럼 성경을 사랑하고 예수님을 뜨겁게 따르는 작가가 나오기 쉽지 않다. 자기 키보다 더 많은 책을 공들여서 쌓은 저자가 유례 없는 된더위 속에서 또 하나의 열정을 불태우는 모습이 감동을 준다.

일본인은 '죄 짐 맡은 우리 구주'라는 찬송을 결혼식과 장례식에서 부른다고 한다. 아는 찬송이 평생 그것뿐이기 때문이다. 11살에 뜻도 모르고 부른 저자의 첫 찬송은 '예수의 피 밖에 없네'이다. 세계적인 저술가가 된 지금은 영어로 'Nothing but the Blood of Jesus'를 부른다. 이런 한결같은 예수님의 피를 향한 열정과 뜨거움이 이 책의 원동력이다. 이런 열정이 교회가 잃어버리고 있는 성만찬의 감격과 희열을 일깨운다.

평생 성경을 이야기로 접근한 저자는 이제 전 세계를 통틀어서 예수님을 전하는 최고의 이야기꾼이 되었다. 이 책은 〈출애굽기〉의 유월절로부터 사복음서의 성만찬까지 스토리텔링으로 연결하여 신구약 성경을 통으로 읽게 한다. 유월절을 공생애의 마지막에 지키시던 예수님께서 어린 양의 피를 대신하여 단 한 번 자신을 제물로 드림으로 흘리신 십자가의 피를 제물로 삼으신 것이 성만찬이다. 이 순간부터 가나안에 정착한 이스라엘 백성이 대대로 지킨 유월절이 예수의 피로 대체되어 관유에서 보혈로 바뀐다고 저자는 놀라운 통찰력으로 성만찬에 관해 새로운 감동을 선물한다.

〈출애굽기〉에서 어린양의 피가 이스라엘의 장자를 살린 것이라면, 예수님의 마지막 유월절은 자신을 직접 제물로 드림으로써 온 백성을 죄와 사망으로부터 구원하는 놀라운 능력이다. 이로써 예수님은 유월절 양이 되셨다고 저자는 감격적으로 선언한다. 이스라엘 백성은 관유에 다섯 가지의 재료(몰약, 육계, 창포, 계피, 감람 기름)를 섞는 전통적인 방식으로 만들어서 제사장만 거룩하게 사용하는 옛 언약을 고집하지만, 관유를 보혈로 바꾸신 예수님께서는 누구나 제사장이 되어 예수님의 피에 직접 나아가서 십자가의 보혈에 참여하도록 초청하신다.

그런데 관유만이 아니라고 저자는 상상력의 날개를 펴고 독자를 성만찬의 감격으로 이끈다. 무교병을 급하게 먹고 어린양의 피를 바른 문설주를 나섬으로써 출애굽한 이스라엘 백성은 이제 예수님의 살과 피를 기념하는 마지막 유월절 만찬으로 초대받는다. 과거 유월절의 그날을 기리던 전통은 여전히 유월절이 무교병과 짐승의 피가 대상이지만, 예수님께서는 자신이 직접 십자가에서 찢기신 살과 피로 대체하시면서 "나를 기념하라"라고 죄인을 부르신다. 저자는 유월절을 기념하는 날이 율법의 시작이지만, 나를 기념하는 날이 성찬의 시작이라는 새로운 통찰력을 제안한다.

유월절을 기념하는 날은 유대인의 정체성만 살아나지만, 예수님의 성만찬을 기념하는 날은 그리스도인의 정체성이 새롭게 돋아난다. 유월절에는 성령님이 아무런 역할도 하지 않으셨지만, 예수님을 기념하는 성만찬에서는 보혜사 성령님의 강력한 임재와 역사가 일어난다. 여기서 저자는 흔히 성령님의 사역을 오순절 성령강림 사건부터 공부하지만, 진정한 성령님의 사역은 예수님의 성만찬부터 시작된다고 제안한다.

성만찬의 감격을 잃어버린 독자에게 이 책을 추천한다. 저자는 예수님의 성만찬을 인류 최고의 '은혜' 매뉴얼이라고 말한다. "나를 기념하라"라는 명령을 예수의 성만찬에서 회복한 그리스도인은 성령님의 충만함으로 예수님의 지상명령을 수행하게 된다. 은혜를 잃어버리고 자기 자랑만 들어놓는 공허한 설교자를 향해서도 저자는 예수님의 살과 피를 기념하는 감격을 뜨겁게 체험할 때, 예수님만을 전하는 복음 전도자로 회복된다는 희망을 노래한다.

☙ 신영균 박사 ❧
(영남신학대학교 특임교수, 행정학박사)

'통(通)박사'로 알려진 성경통독의 세계적 권위자 조병호 박사님의 새 저서 출간을 진심으로 축하드립니다. 《예수님의 성찬식 선언 3가지 : 관유에서 보혈로》는 성찬식에서 신앙생활의 핵심 가치를 찾아 그리스도인의 삶에 적용하게 하는 복음적 작품입니다.

　조 박사님은 수천 번의 성경통독을 통해 깨달은 핵심이 '예수 그리스도의 보혈'이라고 고백하며 글을 시작합니다. 축복, 치유, 방언, 축사 등 왜곡된 사상으로 신앙을 오염시키는 이들이 많은 시대에, 직접 체득한 '보혈'이라는 성경의 진수를 제시하여 건강한 그리스도인 삶의 길을 보여주신 점에 깊은 감사를 드립니다.

　이 책은 유월절의 의미를 예수님의 성찬식 선언으로 승화시키고, 오늘날 성만찬의 의미와 실천, 나아가 하나님 나라의 영원한 성찬 공동체로 독자를 이끕니다. 특히 새 언약을 선포하신 예수님의 성만찬 선언을 통해 우리의 정체성을 확인시켜 주며, 복음의 핵심으로 안내합니다.

저자는 보혜사 성령의 임재를 선언하신 예수님의 성만찬을 소개하며, 성령 충만한 성만찬의 효능을 일상에서 나타내도록 독려합니다. 이를 통해 구약의 제도적 신앙을 오늘의 능력 있는 신앙으로, 유월절의 신앙을 예수 그리스도의 신앙으로, 율법적 신앙을 성령 충만한 신앙으로 변화시키는 통전적 신앙 정신을 제시합니다.

이 책은 단순한 한 권의 책이 아닌 성만찬의 세 가지 선언에 우리를 접목시켜 하나님의 시민으로 살아가는 데 필요한 새로운 힘과 용기를 불어넣어 주는 귀중한 영적 지침서이기에 진심으로 추천하고 또 추천합니다.

☙ 안승오 박사 ❧
(영남신학대학교 교수, 지구촌선교연구원 원장)

교회는 2천 년이 넘게 예수님께서 제정하시고 명령하신 성찬식을 행하여 왔다. 하지만 성찬식이 지상명령으로 이어지는 기념 예식이라는 점에 대해서는 쉽게 망각하는 경향이 없지 않았다. 이런 상황에서 조병호 박사는 이 책에서 성찬식과 성도의 공직자(하나님 나라의 일꾼) 됨의 연결성을 분석하면서 성찬식의 의미를 깊이 있게 분석한다. 특별히 성찬식 때 주님께서 주신 세 가지 선언인 1) 새 언약 선언, 2) 그리스도인의 정체성에 관한 선언, 3) 보혜사 성령의 임재에 관한 선언을 분석함으로써 성만찬을 통해 지속적으로 상기되고 실천되어야 할 하나님 나라 증인으로서의 성도의 정체성을 밝히고 있다.

　이러한 분석을 함에 있어서 이 책의 저자인 조병호 박사는 단순히 신약 말씀만을 분석하는 것이 아니라 구약과 신약을 관통하면서 성찬식의 의미를 꿰뚫는다. 특별히 유월절의 의미, 유월절에 바쳐지는 어린양의 의미, 구약 시대 하나님 나라의 일꾼인 공직자들의 역할, 구약 제사에서 쓰이는 관유 등의 의미를 깊이 있게 설명하고 예수님의 사역과 예수님의 뒤를 잇는 성도들의 정체성을 연결 지으면서 그의 별칭인 '통通박사'의 면모를 시원하게 보여준다. 이 책은 또한 책의 핵심 내용을 쉽게 표현한 여러 가지 도표들과 성경을 시각화한 고전적인 성화들을 포함하고 있어서 독자들로 하여금 책의 핵심을 쉽게 파악할 수 있도록 돕는다.

　이 책을 읽으면서 독자들은 구약에서 다소 어렵게 보이는 유월절 예식, 제사 예식, 제사장 제도 등에 담긴 깊은 영적인 의미들을 파악하면서 구약을 훨씬 더 친근하게 볼 수 있게 될 것이다. 아울러 이 모든 내용이 예수님의 사역과 어떻게 연결되고, 성도인 우리들의 사명과는 어떻게 연결되는지를 쉽게 이해하게 될 것이다. 이 책을 통해 독자들은 신구약성경을 관통하는 하나님의 놀라운 구원 역사를 볼 수 있게 되고, 그 구원 역사의 파노라마 속에서 성찬식의 의미는 무엇이며, 그 성찬식에 참여하는 성도는 누구인가를 파악하게 될 것임을 확신하면서 모든 성도에게 필독을 권하고 싶다.

❦ 이성민 박사 ❦

(강남성은교회 담임목사, 전 감리교신학대학교 교수)

코로나 19 팬데믹은 교회와 그리스도인들에게 기독교 신앙의 본질이 무엇인지 고민하게 만듭니다. 우리가 드리는 예배의 목적이 무엇인지, 지금까지 본질은 빠진 형식만 남은 예배를 드린 것은 아닌지, 그 고민은 여전히 계속됩니다.

조병호 박사님의 《예수님의 성찬식 선언 3가지》는 이러한 질문에 대한 대답을 시도하고 있습니다. 구약성경의 제사 중의 핵심은 '유월절 제사'였습니다. 그리고 신약 시대 예배의 중심은 '성찬'입니다. 그리고 이 둘은 역사적으로, 신학적으로 깊이 연대하고 있습니다.

예수님은 최후의 만찬에서 마지막 유월절 식탁을 제자들과 나누시면서, 예수님의 몸과 피를 기념하는 첫 번 성찬을 행하셨습니다. 자신이 온 세상을 위한 유월절 어린양이 되어 그를 믿는 이들이 죄 사함을 받고 영원한 하나님의 나라에 들어갈 수 있는 길을 열어주셨습니다.

《예수님의 성찬식 선언 3가지》가 코로나 팬데믹 이후 예배와 영생에 대한 갈증을 느끼는 예배자들에게 시원한 한 컵의 물이 되기를 소망합니다. 그리고 그 책을 읽는 이들에게 살아 계신 주님이 흘리셨던 보혈이 영으로 촉촉이 젖어 들기를 바랍니다.

✎ 이성희 목사 ✎

(대한예수교장로회(통합) 증경총회장, 서울연동교회 원로목사)

개신교회는 세례와 성찬을 성례라고 한다. 이 두 가지는 그리스도께서 직접 제정하신 것이므로 거룩한 예식이라 부른다. 개신교회는 공동체 형성에 말씀을 가장 우선시하였다. 가톨릭교회는 성찬을 우선시하여 성찬을 중심으로 교회를 형성하였다. 개신교는 성찬을 말씀에서 나온 것이라고 믿는다. 말씀을 떠난 성찬은 그리스도로부터 온 것이라고 할 수 없다.

그리스도께서는 성찬을 통하여 빵과 포도주를 주시려는 것이 아니라 몸과 피를 주시려 하였다. 그리고 이것을 행하여 기념하라고 하셨다. 그러므로 성찬의 행함은 빵과 포도주를 나누는 것이 아니라 몸과 피를 나누는 것이다. 성찬에 참여하는 자는 몸과 피를 나누므로 그리스도의 성찬을 기념하는 것이다.

통通박사 조병호 목사의 《예수님의 성찬식 선언 3가지》는 새롭지 않은 성찬을 새로운 말씀으로 풀어 성찬의 신비를 체험하게 한다. 특별히 성찬의 기원을 유월절 피의 죄 사함에서 찾아, 신약의 기적과 비유에 숨어 있는 성찬의 참뜻을 파헤친 것은 탁월한 성경적 혜안이 주는 성찬의 의미이다. 이리하여 조병호 박사는 말씀에서 나온 성찬을 심도 있게 설명한다. 성례의 2분의 1인 성찬을 깊이 있으면서 쉬운 말씀으로 풀어준 노고를 감사하며 두 손 들어 추천한다.

⚶ 이진구 목사 ⚶

(성루교회 담임목사, 글로벌처치 네트워크(GCN) 서울허브 위원)

하나님의 눈과 마음에 보기 좋은, 대한민국을 성경 말씀으로 세계에 빛낸 영적 거장, 성경에 관한 한 국내외 최고를 포기할 수 없는 사명감에 붙들려 동분서주하는 조병호 통通박사의《예수님의 성찬식 선언 3가지 : 관유에서 보혈로》출간을 축하드립니다.

예수님께서는 마지막 유월절 날 '떡(빵)과 포도주'로 '첫 번째 성찬식'을 행하셨습니다. 예수님의 살과 피를 상징하는 보이는 말씀으로 '떡(빵)과 포도주'를 가지고 성찬을 행하며 예수님의 죽으심을 기념하라고 하신 것입니다. 책 중에 나오는 저자의 말처럼 성찬식이 우리들에게 주는 교훈은 셀 수 없고 표현할 수 없을 만큼 엄청난 의미의 영적 가치를 담고 있습니다.

이 책에서 조병호 박사는 성찬의 의미를 구약의 마지막 유월절 어린 양의 피가 신약에서는 성찬을 통해 부어지는 예수 그리스도의 보혈로 선언되고 있음을 알려줍니다(눅 22:19-20). 관유에서 보혈로 전환되는 분기점에서 예수님은 '이날을 기념하라'에서 '나를 기념하라'는 놀라운 새 언약을 선언하십니다. 구약 마지막 유월절과 신약 첫 번째 성찬 자리에서 예수님은 하나님 나라의 공직자로 예수님과 하나 되는 그리스도인의 연합과 임재의 성령님이 오셔서 하실 일들을 소개해 주십니다. 이 책을 통해서 "성찬식은 100번도 좋고, 1,000번이면 더 좋습니다"라는 저자의 주장이 헛되지 않음을 경험하는 성찬식의 복을 누리는 주인공들이 되시기를 소망합니다.

☙ 조경철 박사 ☙
(감리교신학대학교 명예교수)

'통通박사' 조병호 박사님께서 이번에는 성찬에 관한 귀한 책을 출판하셨습니다. 이 책은 구약성경의 유월절과 제사장 나라와의 연관성 속에서, 그러므로 신구약성경 전체를 '통通'으로 꿰뚫는 핵심 사상과 언어로서 '성찬'을 주제로 하고 있습니다.

그동안 '언약'이나 '구원사' 같은 개념으로 구약과 신약을 통으로 읽기는 했지만, 이번에는 그것이 '성찬'이라 더 의미가 있습니다. 왜냐하면 '성찬'은 성경 속의 언어이기도 하지만, 지금도 교회에서 반복적으로 베풀어 구원의 은총을 되새김질하고 있는 신앙생활의 핵심이기 때문입니다. 그러므로 이 책은 구약-신약-오늘의 교회로 이어지는 핵심 키워드를 잘 이해할 수 있게 해주는 탁월한 내용입니다.

오늘의 교회가 이 책을 통해서 성찬의 성경적인 의미를 보다 잘 이해하고, 그 의미에 맞게 성찬이 베풀어질 수 있기를 바라는 마음으로 기꺼이 추천합니다.

☞ 최흥진 박사 ☜
(호남신학대학교 총장)

성찬의 의미와 소중함을 다시 한번 깨닫게 하는 참으로 귀중한 책입니다.
한국 교회의 신앙을 새롭게 하는 데 큰 도움을 줄 것으로 기대합니다. 감사합니다.

contents

from the
SACRED ANOINTING OIL
to the PRECIOUS BLOOD
of JESUS

prologue

저는 교회를 11살 때 처음 가봤습니다. 교회에서 예배를 드리면서 '기도, 찬송, 설교' 이 세 가지를 접하게 되었습니다. 그런데 찬송을 듣는 중에 이해가 안 되는 가사가 있었습니다. "나의 죄를 씻기는 예수의 피밖에 없네"라는 찬송가였습니다. 찬송은 솔직히 외계어처럼 들렸습니다. 혹시 내가 누군가에게 무슨 잘못을 했을 때 당사자를 찾아가 잘못을 시인하고 미안하다고 사과하고, 그래서 그 사람이 내 사과를 받아주고 용서하겠다고 말하면 용서받는 것이라 알고 있었습니다. 그런데 나의 잘못(죄)이 깨끗하게 씻기는 것이 예수의 피로 된다니 그게 무슨 뜻인지, 예수의 피가 어떻게 작용한다는 것인지 이해가 되지 않았습니다. 사실 그 당시에는 '무슨 노래가 이래?' 그런 마음이었습니다.

그런데 성경을 100번 읽고, 1,000번 읽고 난 지금은 600여 편이 넘는 찬송 가운데 좋아하는 찬송을 세 개 꼽으라고 하면, 그중 하나가 바로 "나의 죄를 씻기는 예수의 피밖에 없네"입니다. 이 찬송의 노랫말은 거의 "예수의 피밖에 없네"라는 말로 반복됩니다.

Nothing but the blood of Jesus.
예수의 피밖에 없다.
이 말씀이 너무나도 좋습니다.

우리의 죄를 씻기는 '예수님의 피'와 성찬식은 떼려야 뗄 수 없습니다. 성찬식은 예수님께서 잡히시기 전날 밤 제자들과 마지막으로 유월절을 지키시기 위해 함께 나눈 'Lord's Supper(주의 만찬)'으로 출발합니다. 예수님께서는 "너희와 함께 이 유월절 먹기를 원하고 원하였노라"(눅 22:15)라고 포문을 여시면서 "떡을 가져 감사 기도하시고 떼어 그들에게 주시며 이르시되 이것은 너희를 위하여 주는 내 몸이라 너희가 이를 행하여 나를 기념하라 하시고 저녁 먹은 후에 잔도 그와 같이 하여 이르시되 이 잔은 내 피로 세우는 새 언약이니 곧 너희를 위하여 붓는 것이라"(눅 22:19-20)라고 말씀하셨습니다.

예수님의 성찬식 선언 3가지 - 관유에서 보혈로

그런데 제자들과 함께 보낸 지난 1년 전, 2년 전 유월절에는 "예수님의 몸을 먹으라, 피를 마시라"라는 말씀은 하지 않으셨습니다. 또한 벳새다 들녘에서 많은 사람을 위해 보리떡과 생선을 들고 감사기도하신 후에 그들에게 받아먹게 하셨을 때에도 "이는 내 몸이다"와 같은 말씀을 하지 않으셨습니다. 그저 예수님께서는 그들이 배고파 굶주린 채 집으로 돌아가는 것이 안타까우셔서 먹이신 것입니다.

그런데 이번에는 달랐습니다. "받아서 먹으라 이것은 내 몸이니라"라는 말씀을 하신 것입니다. 1,500년 전 애굽에서 첫 번째 유월절 때 어린양의 몸을 먹었던 것처럼 예수님의 몸을 받아먹으라고 하신 것입니다. 또 "이것을 마시라 나의 피 곧 언약의 피니라"라고 말씀하셨습니다. 그동안 유월절의 피는 '바르라'였습니다. 그런데 이제 '마시라'로 바뀐 것입니다. 이는 매우 의미심장한 말씀이었습니다. 십자가 지성소에서 단번 제사로 흘리는 예수님의 '피로 세운 새 언약'을 말씀하신 것입니다.

그리고 예수님께서는 새 언약을 하나님 나라와 연결하셨습니다. 유월절은 제사장 나라 명절인데, 이를 하나님 나라와 연결하면서 "이 유월절이

하나님의 나라에서 이루기까지 다시 먹지 아니하리라"(눅 22:16)라고 말씀
하셨습니다. 그리고 이어서 "내가 너희에게 이르노니 내가 이제부터 하
나님의 나라가 임할 때까지 포도나무에서 난 것을 다시 마시지 아니하리
라"(눅 22:18)라고 하나님 나라와 연동해서 말씀하셨습니다. 이것이 새 언
약이니 이를 기념하라는 것입니다.

예수님께서는 새 언약을 기념하는 이들에게 "내 아버지께서 나라를 내게
맡기신 것 같이 나도 너희에게 맡겨 너희로 내 나라에 있어 내 상에서 먹
고 마시며 또는 보좌에 앉아 이스라엘 열두 지파를 다스리게 하려 하노
라"(눅 22:29-30)라고 말씀하셨습니다. 여기서 이스라엘 열두 지파는 1,500
년 전 제사장 나라 이야기인데, 열두 지파를 다스리게 하신다는 말씀은 전
세계를 다스리는 그 보좌의 자리에 앉게 하시겠다는 충격적인 선언이었
습니다.

하나님께서 예수님께 나라를 맡기셨다는 말을 이해해야 '메시아'라는 말
을 이해할 수 있습니다. '예수'는 구원자입니다. 구원자이신 예수님은 '그
리스도' 메시아입니다. '공직자, 기름 부음 받은 이'라는 뜻입니다. 다시 말

해 죄 있는 자를 구원하는 책임을 예수님께서 맡으셨는데, 그 이유는 예수께서 기름 부음 받은 이, 공직자이시기 때문입니다.

하나님께서 기름 부어 세우신 '나라'의 공직자 직책은 크게 세 가지입니다. 대제사장, 왕, 선지자의 직책입니다. 이를 합해서 얻는 공직자가 '그리스도, 메시아'입니다. 하나님께서 세 가지 직책을 나사렛 예수님께 부여하셨습니다. '나라'를 맡기신 것입니다. 그리고 예수님께서 이처럼 너희에게 나라를 맡기겠다고 말씀하신 것입니다. 이후에 사도 요한이 이를 깨닫고 〈요한계시록〉에 "우리를 나라와 제사장으로 삼으신 그에게 영광과 능력이 세세토록 있기를 원하노라"(계 1:6)라고 기록했습니다.

하나님 나라의 시스템이 계속해서 유지될 수 있는 이유는 예수 그리스도께서 헌신하심으로 하나님께서 맡겨주신 '나라'를 완성하셔서 그 나라를 제자들에게 맡기셨고, 제자들 또한 하나님 나라 공직의 사명을 잘 감당하였고, 그들의 뒤를 이어 2,000년 동안 계속해서 하나님 나라 공직자들의 헌신이 이어졌기 때문입니다. 그래서 지금도 우리가 그리스도인으로 각자 직책을 가지고 하나님 나라를 향해 충성하는 기쁨을 누리는 것입니다.

창조주 하나님께서는 피조물인 인간이 살아가는 삶의 공간을 비롯해 눈에 보이는 많은 것을 창조하셨습니다. 그런데 하나님의 모습은 '말씀'으로 우리에게 보여주셨습니다. 모세는 하나님의 말씀을 아주 생생하고 뚜렷하게 들었습니다. 그리고 백성들에게 전했습니다. 그러나 하나님의 모습을 직접 본 것은 아닙니다. 그저 하나님께서 허락하심으로 하나님의 등을 한 번 보기만 했을 뿐입니다. 대체로 피조물에게 주신 하나님의 존재는 '말씀'이었고, 그 말씀을 피조물인 우리 인생들에게 주신 것은 놀라운 하나님의 은혜입니다. 사도 요한은 이 땅에 오신 성자 예수님에 대해 "말씀이 육신이 되어 우리 가운데 거하시매"(요 1:14)라고 증언했습니다.

하나님께서 주신 은혜의 말씀은 '사복음서'를 통해 예수님의 때에 와서 두 가지로 표현됩니다. 하나는 '보이지 않는 말씀'이고, 또 하나는 '보이는 말씀'입니다. '보이지 않는 말씀'은 말 그대로 하나님께서 주신 말씀 기록입니다. 하나님께서는 예수님의 산상수훈을 비롯해 신약의 수많은 기록, 그리고 구약의 수많은 기록을 '보이지 않는 말씀'으로 우리에게 주셨습니다. 기록된 하나님의 말씀인 성경은 그 모든 것이 '우리 예수님에 관한 이야기'입니다. 그리고 하나님께서 주신 '보이는 말씀'은 예수님께서 행하시며 우리에게 주신 성례인 '세례와 성찬'입니다. 하나님께서는 바로 세례와 성찬을 가지고 이 땅에서 '하나님 나라'를 이어가게 하셨습니다.

예수님께서는 공생애 사역 시작 때 세례 요한에게 '물'로 '세례'를 받으셨습니다. 그런데 세례가 예수님께만 적용되고 끝나는 것이 아니라, 예수님께서 제자들에게 "너희는 가서 모든 민족을 제자로 삼아 아버지와 아들과 성령의 이름으로 세례를 베풀고"(마 28:19)라고 말씀하시며 세례가 이 땅에서 계속 이어지게 하셨습니다. 예수님께서 '보이는 말씀', 즉 '물'을 가지고 '세례'를 행하게 하신 것입니다.

세례는 '씻음', '깨끗하게 함', '기름 부음' 등을 의미합니다. 예수 그리스도를 나의 구주로 고백하는 사람들의 몸을 물에 잠기게 하거나 머리에 물을 뿌려 세례를 줍니다. 우리는 세례를 통해 죄 사함을 받고, 예수님께서 죽은 자 가운데서 다시 사신 것과 같이 새 생명을 얻고 예수님과 연합하는 사람이 됩니다. 이를 상징하는 예식인 세례는 기독교에 입교하는 공식적인 인증 의식이기도 합니다.

세례받으시는 예수님 | 피에로 델라 프란체스카 作

신약에서 요한의 세례는 단순한 정결 의식 차원이 아니었습니다. 요한의 세례는 회개를 동반하는데, 곧 회개의 세례를 통해 오실 메시아를 영접한 다는 성격이 강했습니다. 예수님께서는 요단강에서 선지자 세례 요한을 통해 세례받으심으로 공적 사역을 시작하셨습니다. 세례를 통해 예수님 께서 '구원자 그리스도'로서 사역을 시작하신 것입니다. 예수님의 궁극적 인 공적 사역의 목표는 '십자가와 부활'입니다. 예수님께서 세례받으신 일 은 하나님의 아들이요, 십자가 단번 제사의 제물이 되신 하나님의 어린양 으로 오셨음을 드러낸 사건입니다.

또한 예수님의 세례 때 성부와 성자와 성령께서 함께하셨습니다. 특히 세 례받으신 직후 성령님께서 임하신 것은 물과 성령으로 주는 기독교 세례 의 실체를 보여주는 것이라고 할 수 있습니다. 예수님의 세례는 예수님의 십자가 죽으심의 사명으로 이어집니다. 예수님께서 '구원자'라는 뜻의 이 름대로 십자가에서 죽으심으로 구원 사역을 이루신 것입니다. 예수님께 서는 십자가에서 죽으시고 부활하심으로 구원의 사명을 이루십니다. 그 리고 이 사실을 믿는 우리를 하나님의 자녀로 삼으시는데, 우리의 이 놀라 운 믿음의 고백은 세례받음으로 이루어집니다.

초기교회의 세례는 회개하고 예수 그리스도를 구주로 영접한다는 신앙 고백의 행위였습니다. 따라서 세례는 '예수 그리스도의 이름'(행 2:38)으로, '성부와 성자와 성령님의 이름'(마 28:19)으로 베풀어졌습니다. 사도 바울은 예수님의 모든 이야기를 담아 로마 교회 성도들에게 세례를 가르쳤습니다. '주의 죽으심'과 합하여 세례를 받음으로 우리의 옛 사람은 장사되고, '주의 죽으심'의 기반으로 우리는 새 새명을 얻어 주의 부활에 참여하여(롬 6:3-7), 그리스도와 더불어 살며 그리스도의 몸, 즉 교회 공동체의 한 지체 (고전 12:27)가 된다고 가르쳤습니다. 바울의 가르침은 오늘 우리에게까지 이어지고 있습니다.

예수님의 공생애 끝에 이루신 십자가 죽으심의 사명을 기념하는 예식이 '성찬'입니다. 그래서 우리는 세례와 성찬을 묶어서 궁극적인 예수 그리스도의 사명, '주의 죽으심'의 사명을 기념합니다. 즉, 예수님의 공적 사역인 세례와 성찬으로 우리는 예수님을 따르는 삶을 살아갑니다. 우리는 '보이는 말씀'인 세례와 성찬을 묶어서 성례를 행함으로 하나님을 체험합니다. 우리는 세례를 시작으로 성찬식을 반복하면서 예수님의 삶의 방식을 배워갑니다.

성례(sacrament)는 기독교에서 행하는 거룩한 예식을 가리키는 말로, 불가시적인 하나님의 은혜를 가시적인 매체를 통해서 전달하는 거룩한 예식입니다. 성례는 '비밀, 신비' 등의 의미를 지닌 헬라어 '뮈스테리온 (musthrion)'에서 번역된 라틴어 '사크라멘툼(sacramentum)'입니다. 고대의 교부들은 "그 뜻의 비밀을 우리에게 알리신 것이요"(엡 1:9), "이 비밀은 만세와 만대로부터 감추어졌던 것인데"(골 1:26) 등에 사용된 '비밀'을 예식의 이름이라고 쓰면 위대하고 거룩한 예식의 뜻을 제대로 담지 못하는 것으로 여겨 '성례, 사크라멘툼'으로 번역하였습니다.

칼빈은 《기독교 강요》를 통해 세례는 우리가 예수 그리스도께 접붙임을 받아 하나님의 자녀로 인정되기 위해 교회에 들어가는 '신앙의 입문'이며, 성찬은 예수 그리스도에 속한 하나님의 자녀를 영적으로 먹이는 '계속적인 양육'과 같다고 하였습니다. 이처럼 세례는 우리가 죄에서 구원받음을 고백하는 놀라운 신앙의 입문이며 그리스도인 됨의 시작으로 평생 한 번이면 됩니다. 한 번 받은 세례를 반복하지 않습니다. 그러나 '주의 죽으심'을 기념하는 성찬식은 100번도 좋고, 1,000번이면 더 좋습니다. 그래서 우리를 죄에서 구원하시기 위해 스스로 제물이 되어 십자가 단번 제사를 드리신 예수님의 죽으심은 성찬을 통해 계속 반복해서 기념합니다. 예수님께서 죽으심으로 속량을 이루시고 하나님의 사랑과 의(義)를 드러내심을 기념하는 성찬식은 일회성으로 끝내지 않고, 반복 기념할 성례입니다. 즉, 성찬은 신앙 성장을 위한 양육이라는 측면으로 계속 반복하면서 기념해야 할 예식입니다.

어떤 행사를 계속해서 반복하면 지루함을 느끼는 것이 일반적입니다. 그런데 반복하면 할수록 더 좋다는 이야기는 반복할수록 더 깊어진다는 뜻입니다. 그래서 세례는 한 번으로 충분하지만, 성찬식은 반복하여 계속 참여해야 합니다. 성찬식을 반복하면서도 지루하지 않고 매번 감격스러울 수 있는 길은 성경에 있습니다. 성경을 계속해서 통독하고 공부해서 성찬식의 바른 의미를 알게 되면 성찬식에 참여할 때마다 감사와 감격을 맛볼 수 있습니다. 우리 그리스도인들은 반복하고 또 반복해서 성찬식을 거행하고, 예수님께서 첫 번째 성찬식에서 선언하신 내용을 되새겨 기억해야 합니다.

예수님께서는 마지막 유월절 날 '떡(빵)과 포도주'로 '첫 번째 성찬식'을 행하셨습니다. 예수님의 살과 피를 상징하는 '보이는 말씀'으로 '떡(빵)과 포도주'를 가지고 성찬을 행하며 '주의 죽으심'을 기념하라고 하신 것입니다. 이 책에서는 우리가 계속 반복하며 지켜야 할 성찬식을 중점적으로 살펴보며 예수님께서 첫 번째 성찬식에서 말씀하신 '세 가지 선언'에 대해 알아봅니다. 첫째는 새 언약 선언, 둘째는 그리스도인 선언, 셋째는 보혜사 성령님의 임재 선언입니다.

성찬식에서의 세 가지 선언에 이어서 예수님의 십자가 단번 제사가 이루어집니다. 성찬식 세 가지 선언과 십자가 사이에는 시간의 간격이 있지만, 성찬식과 십자가는 하나입니다. 이 과정을 통해 '관유에서 보혈(From the sacred anointing oil to the precious blood of Jesus)'로 바뀌게 됩니다. 프롬(from)에서 투(to)는 무엇인가에서 다른 무엇으로 바뀌었다는 것입니다. 무엇인가가 계속 지속되면서 또 다른 무엇으로 사용되는 것이 아닙니다. 즉, 관유가 계속 지속되면서 보혈이 사용된다는 것이 아니고, 관유는 종료되고 이제 보혈로 바뀌어, 보혈로 지속된다는 것입니다. 이 감격이 항상 충만하기를 소망합니다.

chapter 1

관유에서 보혈로

From the sacred anointing oil to the precious blood of Jesus

성경에는 많은 이야기가 담겨 있습니다. 그런데 성경은 각각의 다른 이야기가 아니라 하나의 이야기로 묶어 있습니다. 그래서 성경 66권 전체를 한 권의 책으로, 역사순으로, 하나님의 마음으로, 통(通)으로 읽어야 합니다. 모든 성경은 예수 십자가 원 스토리(One Story)입니다. 구약성경은 '예수 십자가로 가는(To the cross)' 이야기이며, 사복음서는 하나님의 아들이요, 하나님의 어린양이요, 하늘 성소에서 단번 제사로 하나님 나라를 완전하게 하신 예수 그리스도의 십자가(The cross) 이야기입니다. 그리고 〈사도행전〉에서 공동서신에 이르는 문헌들은 '십자가로부터 시작된(From the cross)' 이야기입니다. 그러므로 성경 66권을 통(通)으로 공부하면 결국 성경은 예수 그리스도의 십자가 이야기이고, 하나님의 사랑 이야기라는 것을 깨닫게 됩니다.

모든 그리스도인은 성경을 '틀리지 않게, 치우치지 않게, 그리고 선을 넘지 않게' 공부해야 합니다. 이를 위해 성경을 공부하면서 줄기를 잇는 핵심 이야기가 무엇인지 그 중요도를 잘 판단해 보아야 합니다. 〈창세기〉부터 〈요한계시록〉까지 성경 전체를 통(通)으로 공부해 보면 중요하게 묶이는 핵심 이야기들이 있습니다. 그중에서 〈출애굽기〉에 나오는 '1년 된 어린양과 첫 번째 유월절'은 구약성경 제사장 나라의 핵심 이야기 가운데 하나입니다. 그다음 신약성경으로 오면, 사복음서의 '하나님의 어린양과 첫 번째 성찬식'이 하나님 나라 핵심 이야기 가운데 하나입니다.

왜 〈출애굽기〉에 등장하는 '1년 된 어린양과 첫 번째 유월절' 이야기가 구약성경의 핵심 이야기일까요? 하나님께서는 애굽에서 시작된 첫 번째 유월절로 제사장 나라의 모든 조직과 다섯 가지 제사를 통한 '나라'의 역할을 시작하게 하셨습니다. 그리고 유월절 어린양 사건을 시작으로 이스라엘 각 가정의 장자를 대신한 레위인들을 '공직자'로 세워 제사장 나라 시스템을 유지하게 하셨습니다. 나라가 없으면 공직이라는 말도 없습니다.

그렇게 제사장 나라의 공직은 첫 번째 유월절로 시작되었고, 1,500년 후 하나님의 어린양 예수 그리스도께서 십자가에서 "다 이루었다"라고 말씀하심으로 완전하게 하실 하나님 나라와 그 나라를 이어갈 그리스도인의 공직은 첫 번째 성찬식을 통해서 예고되었습니다. 이 두 가지 이야기를 묶어 말하면 '마지막 유월절 첫 번째 성찬식'이 됩니다. 이것은 1,500년을 이

+

"마지막 유월절 첫 번째 성찬식"

모세가 이스라엘 모든 장로를 불러서 그들에게 이르되
너희는 나가서 너희의 가족대로 어린 양을 택하여 유월절 양으로 잡고 (출 12:21)

이튿날 요한이 예수께서 자기에게 나아오심을 보고 이르되
보라 세상 죄를 지고 가는 하나님의 어린 양이로다 (요 1:29)

어온 제사장 나라의 유월절과 예수 십자가 사건 이후 2,000년을 이어갈, 그리고 이어지고 있는 하나님 나라의 성찬식이 묶이는 말입니다. '묶는다' 라는 말은 그만큼 폭이 넓어지고, 깊어져 그 안에 더 많은 것을 담아서 압축해 낼 수 있다는 뜻입니다.

예수님께서는 십자가 지시기 전에 '마지막 유월절 첫 번째 성찬식'을 통해 이후 재림 때까지 이어갈 핵심 이야기를 만드셨습니다. 그래서 예수님께서는 첫 번째 성찬식을 원하고 원하셨고, 성찬식을 행함으로 유월절 '이 날'이 아닌 예수 그리스도 '나'를 기념하게 하셨습니다.

첫 번째 유월절,
1500년 기념

십자가 고난을 앞두신 예수님께서는 이번 유월절이 마지막 유월절이 될 것을 미리 아시고 3년 동안 공생애를 함께한 제자들에게 유월절 먹기를 원하고 원했다고 말씀하셨습니다.

"I have eagerly desired to eat this Passover with you". 예수님께서 제자들과 유월절 지키기를 원하고 원하셨다고 '강조'하신 것입니다.

"내가 고난을 받기 전에 너희와 함께
이 유월절 먹기를 원하고 원하였노라
내가 너희에게 이르노니
이 유월절이 하나님의 나라에서 이루기까지

다시 먹지 아니하리라"(눅 22:15-16)

예수님께서 제자들과 함께 이날, 유월절 먹기를 그토록 원하시며 기다리신 것은 3년 전 갈릴리 바닷가로 제자들을 부르신 때부터였습니다. 더 거슬러 올라가면 1,500년 전 애굽에서의 '첫 번째 유월절' 때부터였습니다.

1,500년 전 '첫 번째 유월절'은 '첫 번째 성찬식을 위한 그림자'라고 할 수 있습니다. 첫 번째 유월절은 애굽의 왕 바로와 모세의 9차 출애굽 협상이 결렬된 상황 가운데, 끝으로 하나님께서 긴급하게 주신 명령이었습니다. 바로와 모세의 피 말리던 출애굽 협상이 결국 결렬되자 히브리 민족은 출애굽의 소망은커녕 앞으로 애굽에서의 삶이 얼마나 더 비참하고 피폐해질지 두려움과 절망 가운데 있었을 것입니다. 하지만 그때 하나님께서는 가장 큰 기적을 준비하고 계셨습니다. 하나님께서 모세를 통해 한 날을 정해주시고 이스라엘 각 가정에 '어린양'을 잡으라고 명령하셨습니다.

당시 히브리 민족은 애굽에서 노예로 살면서 애굽이 시키는 대로 벽돌 굽는 일과 애굽 사람들의 농사일에 동원되었습니다. 그런데 놀라운 사실은 그들이 '어린양'을 잡으라는 갑작스러운 하나님의 명령에 당황하지 않았다는 것입니다. 그날 밤 약 23,000가정이 모두 1년 된 어린양을 잡아 피는 우슬초에 적셔 집의 좌우 문설주와 인방에 바르고, 뼈는 꺾지 않고,

고기는 불에 구워 무교병과 쓴 나물과 함께 먹되 허리에 띠를 띠고 발에 신을 신고 손에 지팡이를 잡고 급히 먹음으로 하나님의 명령에 순종했습니다.

1년 된 어린양의 피를 각 집 문설주와 인방에 바르라는 명령을 지키지 않으면 애굽인의 장자나 히브리인의 장자나 짐승의 첫 태생은 다 죽게 됩니다. 이때 히브리 민족이 애굽에서 노예 생활을 하면서도 모든 가정이 순식간에 각 가정 단위로 그 많은 1년 된 어린양을 잡을 수 있었던 것은 그들의 조상 요셉, 야곱 이야기로 거슬러 올라가야 그 이유를 찾을 수 있습니다.

이삭의 아들 야곱은 형 에서와의 갈등을 피해 하란으로 도망했습니다. 오랜 세월이 지난 후 야곱은 하란에서 튼튼한 양이 새끼를 밸 때 신풍나무 껍질을 벗긴 가지를 이용하는 등의 방법으로 목축업 천재가 되면서 수많은 양을 소유하게 됩니다(창 30:37-43). 물론 이 일은 하나님의 간섭하심이 있었기 때문입니다(창 31:8-12). 야곱은 자신의 소유가 된 수많은 양 떼를, 가나안을 거쳐 결국 애굽으로 가져가게 됩니다. 야곱의 목축업 기반 위에 요셉은 입애굽한 70여 명의 가족들을 고센 땅에 모여 살게 했습니다. 그곳에서 가족들을 애굽 사람들이 가증이 여기는 목축업에 종사하게 함으로 혈통을 보존하여 큰 민족이 되도록 이끌었습니다. 그래서 430년이 지나 출애굽하기까지 히브리 민족은 애굽에서 노예 생활을 하면서도 목축

마지막 유월절 첫 번째 성찬식
THE LAST PASSOVER AND FIRST COMMUNION
'이 날'을 기념하라에서 '나'를 기념하라

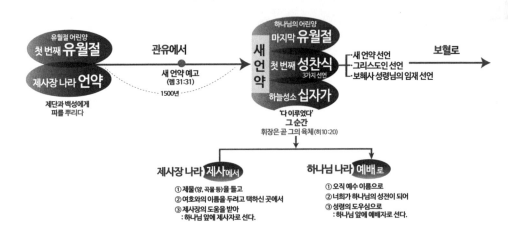

유월절 어린양
첫 번째 유월절

제사장 나라 언약

제단과 백성에게
피를 뿌리다

관유에서
새 언약 예고
(렘 31:31)
1500년

하나님의 어린양
마지막 유월절

새언약

첫 번째 성찬식
3가지 선언

하늘성소 **십자가**

'다 이루었다'
그 순간
휘장은 곧 그의 육체(히 10:20)

· 새 언약 선언
· 그리스도인 선언
· 보혜사 성령님의 임재 선언

보혈로

제사장 나라 제사에서
①제물(양, 곡물 등)을 들고
②여호와의 이름을 두려고 택하신 곳에서
③제사장의 도움을 받아
: 하나님 앞에 제사자로 선다.

하나님 나라 예배로
①오직 예수 이름으로
②너희가 하나님의 성전이 되어
③성령의 도우심으로
: 하나님 앞에 예배자로 선다.

여호와의 말씀이니라 보라 날이 이르리니 내가 이스라엘 집과 유다 집에 새 언약을 맺으리라 (렘 31:31)

그 길은 우리를 위하여 휘장 가운데로 열어 놓으신 새로운 살 길이요 휘장은 곧 그의 육체니라 (히 10:20)

문에 피를 바르고 | 제임스 티소 作

업을 통해 어느 가정에서든지 1년 된 어린양을 잡아 첫 번째 유월절을 지킬 수 있도록 준비되었던 것입니다. 이렇게 애굽에서의 첫 번째 유월절은 '여호와 이레'였습니다.

애굽에서의 첫 번째 유월절은 애굽의 모든 장자가 죽게 되면서 제국을 꿈꾸었던 애굽의 기반이 통째로 무너진 것과 대조적으로 히브리 민족의 모든 장자는 살아남아 제사장 나라의 기반이 된 날이었습니다. 이후 히브리 곧 이스라엘 민족에게 첫 번째 유월절은 제사장 나라 운영의 중요한 기준이 되었습니다. 1,500년이 지난 후 세례 요한에 의해 예수님은 '세상 죄를 지고 가는 하나님의 어린양'으로 소개됩니다. 세례 요한이 언급한 '하나님의 어린양'은 '유월절 어린양'을 기반으로 한 말입니다.

"내가 애굽 땅을 칠 때에 그 피가 너희가 사는 집에 있어서
너희를 위하여 표적이 될지라
내가 피를 볼 때에 너희를 넘어가리니
재앙이 너희에게 내려 멸하지 아니하리라
너희는 이 날을 기념하여 여호와의 절기를 삼아
영원한 규례로 대대로 지킬지니라"(출 12:13-14)

제사장 나라가 유지된 1,500여 년 동안 유월절이 계속해서 이어질 수 있

예수님의 성찬식 선언 3가지 - 관유에서 보혈로

었던 것은 첫 번째 유월절을 제정해 주실 때 하나님께서 "너희는 이날을 기념하여 여호와의 절기를 삼아 영원한 규례로 대대로 지킬지니라"라고 명령하셨기 때문입니다.

하나님과 제사장 나라 거룩한 시민 언약을 맺은 이스라엘 백성은 하나님의 말씀대로 첫 번째 유월절을 애굽에서, 그리고 두 번째 유월절은 출애굽후 시내산에서 지켰습니다. 첫 번째 유월절은 애굽에서 나와야 하므로 그날이 무엇을 의미하는지 잘 알지 못한 상황에서 그저 순종함으로 믿고 지켰다면, 두 번째 유월절은 종에서 해방되어 자유민이 된 이스라엘 백성이 하나님의 은혜에 감사하며 그 의미를 되새기는 명절로 지킨 가슴 벅찬 날이었습니다(민 9:5). 이 때문에 광야에서 지킨 두 번째 유월절이 영원한 규례로 대대로 지켜야 할 기념의 시작이었다고 할 수 있습니다.

하나님께서 주신 하늘 양식 만나를 먹으며 광야에서 살던 이스라엘 백성이 마침내 40년간의 광야 생활을 마칩니다. 그들은 만나세대가 되어 유월절을 지킬 꿈을 가지고 요단강을 건너 약속의 땅 가나안으로 들어갑니다. 그리고 아직 그 땅을 본격적으로 정복하기 전에 만나세대는 여리고 평지에서 유월절을 지킵니다. 이때 유월절을 지킴과 동시에 40여 년 동안 하나님께서 내려주셨던 만나가 그칩니다.

"또 이스라엘 자손들이 길갈에 진 쳤고

그 달 십사일 저녁에는 여리고 평지에서 유월절을 지켰으며

유월절 이튿날에 그 땅의 소산물을 먹되

그 날에 무교병과 볶은 곡식을 먹었더라

또 그 땅의 소산물을 먹은 다음 날에 만나가 그쳤으니

이스라엘 사람들이 다시는 만나를 얻지 못하였고

그 해에 가나안 땅의 소출을 먹었더라"(수 5:10-12)

그렇게 약속의 땅 가나안에 들어가 땅을 분배받고 살게 된 아브라함의 후손 이스라엘 백성은 사사 시대 350년 동안 제사장 나라 틀은 유지했으나 유월절을 비롯한 명절과 절기를 지키지 않음으로 〈레위기〉에 명시된 흉년 징계와 수탈 징계를 받는 시기를 보내게 됩니다. 그러다가 사무엘이 다시 제사장 나라를 바르게 세우고 제사장 나라 법대로 유월절을 지켰고, 다윗은 제사장 나라 충성도를 높이며 하나님의 언약궤를 모실 성전 건축의 꿈을 꾸었습니다. 다윗의 꿈을 기쁘게 받으신 하나님께서는 나단 선지자를 통해 다윗에게 예루살렘 성전 설계도를 주시면서 그의 아들이 성전을 건축할 것과 "네 집과 네 나라가 내 앞에서 영원히 보전되고 네 왕위가 영원히 견고하리라"(삼하 7:16)라고 복을 주셨습니다. 그리고 다윗의 아들 솔로몬 때 예루살렘 성전이 건축됨과 동시에 예루살렘은 유월절을 비롯해 칠칠절, 초막절을 지키는 제사장 나라의 센터가 됩니다(대하 8:12-13).

"너희는 너희의 하나님 여호와께서

자기 이름을 두시려고 택하실 그 곳으로

내가 명령하는 것을 모두 가지고 갈지니

곧 너희의 번제와 너희의 희생과 너희의 십일조와

너희 손의 거제와 너희가 여호와께 서원하는

모든 아름다운 서원물을 가져가고"(신 12:11)

하나님께서 주신 율법대로 하나님과 제사장 나라 언약을 맺은 이스라엘 모든 백성은 해마다 유월절 '이날'을 기념하기 위해 예루살렘 성전으로 와서 하나님께 제사하였습니다. 그 후 솔로몬이 죽고 이스라엘은 남북으로 분열되어 한 민족 두 국가가 되었는데, 하나님께서는 북이스라엘 열 지파 권력을 여로보암에게 건네주시면서 그 조건으로 하나님의 이름을 두려고 택하신 예루살렘을 지키라고 말씀하셨습니다. 비록 나라는 나뉘어져 있지만, 열 지파 백성들이 예루살렘으로 내려와 예루살렘 성전에서 유월절을 지킬 수 있도록 하라는 명령이었습니다.

"내가 그의 아들의 손에서 나라를 빼앗아

그 열 지파를 네게 줄 것이요

그의 아들에게는 내가 한 지파를 주어서

내가 거기에 내 이름을 두고자 하여 택한 성읍 예루살렘에서

내 종 다윗이 항상 내 앞에 등불을 가지고 있게 하리라

내가 너를 취하리니

너는 네 마음에 원하는 대로 다스려 이스라엘 위에 왕이 되되

네가 만일 내가 명령한 모든 일에 순종하고 내 길로 행하며

내 눈에 합당한 일을 하며 내 종 다윗이 행함 같이

내 율례와 명령을 지키면 내가 너와 함께 있어

내가 다윗을 위하여 세운 것 같이 너를 위하여 견고한 집을 세우고

이스라엘을 네게 주리라"(왕상 11:35-38)

그러나 여로보암은 하나님의 명령에 불순종하며 제사장 나라를 도구화했습니다. 유월절을 비롯한 제사장 나라의 명절과 절기를 변경하고, 레위 자손이 아닌 보통 백성으로 제사장을 삼았으며, 예루살렘이 아닌 단과 벧엘에 금송아지를 세워 예배 장소를 변경함으로 북이스라엘 백성이 1년 세 차례 예루살렘 성전에 가지 못하게 만들었습니다.

"만일 이 백성이 예루살렘에 있는 여호와의 성전에

제사를 드리고자 하여 올라가면

이 백성의 마음이 유다 왕 된 그들의 주 르호보암에게로 돌아가서

나를 죽이고 유다의 왕 르호보암에게로 돌아가리로다 하고

이에 계획하고 두 금송아지를 만들고 무리에게 말하기를

너희가 다시는 예루살렘에 올라갈 것이 없도다
이스라엘아 이는 너희를 애굽 땅에서
인도하여 올린 너희의 신들이라 하고
하나는 벧엘에 두고 하나는 단에 둔지라"(왕상 12:27-29)

이후 북이스라엘은 200년 동안 '여로보암의 길'로 나아갔고, 결국 북이스라엘은 하나님의 몽둥이인 앗수르 제국에 멸망하면서 '혼혈족 사마리아인'이 됩니다. 이들은 예수님께서 회복시키시기까지 800년 동안 멸시와 천대를 받았습니다.

북이스라엘의 멸망을 지켜본 남유다의 왕 히스기야는 이스라엘 민족을 두 국가로 나누어서라도 제사장 나라를 온전히 살리려고 하신 하나님의 뜻을 생각했습니다. 그래서 히스기야는 단에서부터 브엘세바까지 이스라엘 전 지역, 북이스라엘 열 지파 사람들에게까지 보발꾼들을 보내 예루살렘으로 와서 함께 유월절을 지키자고 공포했습니다. 히스기야가 북이스라엘 사람들을 예루살렘으로 초대한 것은 여호와의 이름을 두려고 택하신 곳이 예루살렘 성전이었기 때문이고, 예루살렘에서 온 민족이 함께 제사장 나라의 시작이 되었던 유월절을 함께 지키고자 했던 것입니다. 그러나 히스기야의 호소를 들은 북이스라엘 사람들은 조롱하고 비웃기까지 했습니다. 그럼에도 불구하고 다행히 북이스라엘 사람 가운데 적은 수라도 일부가 스스로 겸손한 마음으로 예루살렘으로 내려왔습니다.

"드디어 왕이 명령을 내려 브엘세바에서부터 단까지

온 이스라엘에 공포하여 일제히 예루살렘으로 와서

이스라엘 하나님 여호와의 유월절을 지키라 하니

이는 기록한 규례대로 오랫동안 지키지 못하였음이더라

보발꾼들이 왕과 방백들의 편지를 받아 가지고 왕의 명령을 따라

온 이스라엘과 유다에 두루 다니며 전하니

일렀으되 이스라엘 자손들아

너희는 아브라함과 이삭과 이스라엘의 하나님 여호와께로 돌아오라

그리하면 그가 너희 남은 자

곧 앗수르 왕의 손에서 벗어난 자에게로 돌아오시리라"(대하 30:5-6)

그런데 안타깝게도 히스기야는 기록된 규례대로 유월절 예식을 치르지 못
했습니다. 그 이유는 첫째, 성결한 제사장들이 부족했고 둘째, 백성들이
정한 시간까지 예루살렘으로 다 모이지 못했기 때문입니다(대하 30:2-3). 그
래서 히스기야는 〈민수기〉에 말씀해 주신 규정(민 9:10-12)대로 한 달을 미
루어서 유월절을 지킬 수밖에 없었습니다. 결국 재정비하여 오랫동안 지
키지 못했던 유월절을 다시 지킴으로 예루살렘에 모인 북이스라엘과 남
유다의 백성과 나그네들까지 모두 즐거워했습니다(대하 30:21).

"둘째 달 열넷째 날에 유월절 양을 잡으니
제사장과 레위 사람이 부끄러워하여 성결하게 하고
번제물을 가지고 여호와의 전에 이르러
규례대로 각각 자기들의 처소에 서고
하나님의 사람 모세의 율법을 따라
제사장들이 레위 사람의 손에서 피를 받아 뿌리니라"(대하 30:15-16)

이후 남유다의 요시야 왕이 대대적인 종교개혁을 일으켰는데 그 핵심 중 하나가 유월절을 지킨 것입니다. 요시야 왕 때 지킨 유월절은 사무엘 이후 정말 오랜만에 모세의 기록대로 제대로 지킨 유월절이었습니다.

"요시야가 예루살렘에서 여호와께 유월절을 지켜
첫째 달 열넷째 날에 유월절 어린 양을 잡으니라
왕이 제사장들에게 그들의 직분을 맡기고 격려하여
여호와의 전에서 직무를 수행하게 하고 …
선지자 사무엘 이후로 이스라엘 가운데서
유월절을 이같이 지키지 못하였고
이스라엘 모든 왕들도 요시야가 제사장들과 레위 사람들과
모인 온 유다와 이스라엘 무리와
예루살렘 주민과 함께 지킨 것처럼은 유월절을 지키지 못하였더라

요시야가 왕위에 있은 지

열여덟째 해에 이 유월절을 지켰더라"(대하 35:1-19)

왕정 500년이 끝나고 바벨론 포로 70년 동안 제사장 나라 재교육을 받고 극상품 무화과가 되어 예루살렘으로 귀환한 유대인들은 페르시아 제국의 레반트 지역 투자 정책과 맞물리면서 느헤미야와 에스라를 통해 제사장 나라의 '제사와 절기와 명절'을 모두 회복했습니다.

"사로잡혔던 자의 자손이 첫째 달 십사일에 유월절을 지키되

제사장들과 레위 사람들이 일제히 몸을 정결하게 하여 다 정결하매

사로잡혔던 자들의 모든 자손과 자기 형제 제사장들과

자기를 위하여 유월절 양을 잡으니"(스 6:19-20)

이처럼 유월절 '이날'을 지키는 것은 제사장 나라 1,500년 동안 지켜 온 가장 중요한 일이었습니다. 유월절을 지키는 일은 예수님 때까지도 이어졌습니다. 예수님께서 열두 살 때 부모와 함께 제사장 나라 율법대로 유월절 명절에 성전에 올라가신 일이 〈누가복음〉에 기록되어 있습니다.

"그의 부모가 해마다 유월절이 되면 예루살렘으로 가더니

예수께서 열두 살 되었을 때에

예수님의 성찬식 선언 3가지 - 관유에서 보혈로

그들이 이 절기의 관례를 따라 올라갔다가"(눅 2:41-42)

느헤미야와 에스라 이후 유대는 헬라 제국과 로마 제국을 거치면서 예수님께서 오시는 그날까지 예루살렘 성전 중심을 이어갔습니다. 그 때문에 로마 제국은 유대를 식민지로 통치하면서도 예루살렘 성전을 존중하며 조심스럽게 유대에 대한 정책을 펼쳤습니다. 그중에 하나가 로마 제국이 유월절을 유대인의 명절로 존중하면서 '유월절 사면'을 시행한 것입니다. 그렇게 성전과 제사의 기능이 유지되었기에 예수님께서도 해마다 유월절을 지키셨던 것입니다. 마침내 하나님의 때에 예수님께서는 그토록 오랫동안 기다리셨던 '하나님의 일'을 행하십니다. 바로 마지막 유월절에 행하신 '첫 번째 성찬식'입니다.

JESUS 2

유월절 어린양,
제물과 공직

'어린양'은 첫째, 제물 이야기입니다. 아브라함과 이삭의 번제할 어린양, 모세 때 유월절 어린양, 대제사장의 상번제 어린양, 세례 요한의 하나님의 어린양 예수, 그리고 〈요한계시록〉의 어린양 예수입니다. 둘째, '어린양'은 제사장 나라의 대제사장 '공직'의 사명 이야기로 시작해 하나님 나라의 왕 같은 대제사장 예수 '공직'의 사명, 즉 하나님의 의를 나타내는 십자가 단번 제사 이야기로 이어집니다. 이는 '기름 부음 받은 이'의 사명을 말합니다.

첫째, '어린양' 이야기의 시작은 아브라함의 모리아산 번제 사건 때입니다.

하나님께 제사드리기 위해 모리아산으로 향해 가던 중 이삭이 아버지 아

예수님의 성찬식 선언 3가지 - 관유에서 보혈로

브라함에게 질문합니다.

"이삭이 이르되 불과 나무는 있거니와
번제할 어린 양은 어디 있나이까
아브라함이 이르되
내 아들아 번제할 어린 양은
하나님이 자기를 위하여 친히 준비하시리라
… 아브라함이 눈을 들어 살펴본즉
한 숫양이 뒤에 있는데 뿔이 수풀에 걸려 있는지라
아브라함이 가서 그 숫양을 가져다가
아들을 대신하여 번제로 드렸더라"(창 22:7-13)

"번제할 어린양은 어디 있습니까?"라는 이삭의 질문에 아브라함은 "하나님이 자기를 위하여 친히 준비하시리라"(여호와 이레)로 답해주었으며, 실제 하나님께서는 숫양을 준비해 주셨습니다. 하나님의 준비로 아브라함은 아들 이삭을 '대신'하여 숫양을 가져다가 번제를 드릴 수 있었습니다.

500여 년이 지나 애굽에서 '첫 번째 유월절 어린양'은 이스라엘의 모든 장자를 살렸습니다.

아브라함과 이삭 | 게인스버러 듀퐁 作

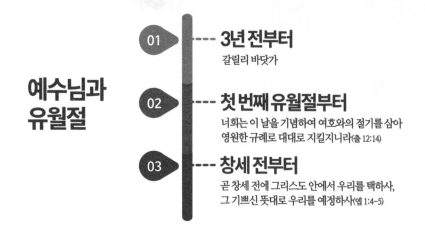

예수님과 유월절

01 --- **3년 전부터**
갈릴리 바닷가

02 --- **첫 번째 유월절부터**
너희는 이 날을 기념하여 여호와의 절기를 삼아
영원한 규례로 대대로 지킬지니라(출 12:14)

03 --- **창세 전부터**
곧 창세 전에 그리스도 안에서 우리를 택하사,
그 기쁘신 뜻대로 우리를 예정하사(엡 1:4-5)

곧 창세 전에 그리스도 안에서 우리를 택하사 우리로 사랑 안에서 그 앞에 거룩하고 흠이 없게 하시려고
그 기쁘신 뜻대로 우리를 예정하사 예수 그리스도로 말미암아 자기의 아들들이 되게 하셨으니 (엡 1:4-5)

"내가 그 밤에 애굽 땅에 두루 다니며 사람이나 짐승을 막론하고

애굽 땅에 있는 모든 처음 난 것을 다 치고

애굽의 모든 신을 내가 심판하리라

나는 여호와라 내가 애굽 땅을 칠 때에

그 피가 너희가 사는 집에 있어서

너희를 위하여 표적이 될지라

내가 피를 볼 때에 너희를 넘어가리니

재앙이 너희에게 내려 멸하지 아니하리라

너희는 이 날을 기념하여 여호와의 절기를 삼아

영원한 규례로 대대로 지킬지니라"(출 12:12-14)

한마디로 애굽 심판 사건입니다. 만약 히브리 민족이 하나님의 명령에 순종하지 않았다면 애굽과 동일한 심판을 받았을 것입니다. 그러나 그 밤에 히브리 민족은 하나님의 명령에 순종했습니다. 가족 수대로 어린양을 택하여 유월절 양으로 잡고 그 피를 우슬초에 적셔 좌우 문설주와 인방에 바르고, 고기는 불에 구워 무교병과 쓴 나물과 함께 먹었습니다. 먹을 때에는 허리에 띠를 띠고 손에 지팡이를 잡고 급히 먹었습니다. 그날의 순종을 통해 히브리 민족의 장자들과 짐승의 첫 태생은 살았고, 애굽은 왕위에 앉은 바로의 장자로부터 옥에 갇힌 사람의 장자까지, 그리고 맷돌 뒤에 있는 몸종의 장자와 가축의 처음 난 것까지 모두 죽었습니다. 그러자 결국 바로

는 모세와 아론을 불러 출애굽을 허락했습니다(출 12:31-33). 그렇게 하나님께서는 유월절 어린양으로 이스라엘의 장자들을 살리셨습니다.

출애굽 후 시내산 언약으로 세운 나라가 '제사장 나라'입니다. 제사장 나라는 다섯 가지 제사, 즉 번제, 소제, 화목제, 속죄제, 속건제가 핵심입니다. 제사는 하나님과 인간의 만남이고 하나님께 용서받는 길입니다. 인간이 하나님을 만날 수 있는 길은 오직 제사밖에 없습니다.

"이는 너희가 대대로 여호와 앞 회막 문에서 늘 드릴 번제라
내가 거기서 너희와 만나고 네게 말하리라
내가 거기서 이스라엘 자손을 만나리니
내 영광으로 말미암아 회막이 거룩하게 될지라"(출 29:42-43)

제사에는 '제물'이 있어야 합니다. 제물의 특성은 가장 좋음이 전제되어야 합니다. 제사자는 자기가 가진 소유물 중에서 가장 좋은 것을 골라 제물로 가지고 가야 했습니다. 어린양이든, 수소 한 마리든, 비둘기 두 마리든, 아니면 고운 가루 한 움큼이든 반드시 제물을 가지고 하나님 앞에 나아가 제사를 드려야 했기 때문입니다. 그래야만 하나님께 죄를 용서받을 수 있었습니다.

그런데 생각해 보십시오. 인간이 하나님께 무엇을 드려 하나님을 기쁘시게 해드릴 수 있겠습니까? 온 우주 만물을 창조하신 하나님께 우리가 무엇을 드릴 수 있습니까? 값비싼 보석을 드릴까요? 좋은 집이나 차를 드리면 하나님께서 기뻐하실까요? 예를 들어 우리가 세계에서 제일 부자인 사람에게 초대를 받았다면 우리는 무슨 선물을 가지고 가야 그 부자를 기쁘게 할까요? 사실 우리는 하나님께 드릴 것이 없습니다. 그런데도 하나님께서 우리에게 원하신 것은 하나님께서 정해주신 제물을 불로 태워서 올려 드리는 것입니다. 하나님께서 제사의 제물을 받으시는 것입니다. 이렇게 용서의 길을 열어주신 하나님께 제사장 나라 언약을 맺은 이스라엘 모든 백성은 매일 제사를 드려야 했습니다. 그래서 모든 백성을 대표하여 대제사장이 하루도 빼놓지 않고 매일 아침, 저녁으로 반복해서 하나님께 제사를 드렸습니다. 이를 '상번제(常燔祭)'라고 합니다.

"네가 제단 위에 드릴 것은 이러하니라
매일 일 년 된 어린 양 두 마리니
한 어린 양은 아침에 드리고 한 어린 양은 저녁 때에 드릴지며
한 어린 양에 고운 밀가루 십분의 일 에바와
찧은 기름 사분의 일 힌을 더하고
또 전제로 포도주 사분의 일 힌을 더할지며
한 어린 양은 저녁 때에 드리되 아침에 한 것처럼

소제와 전제를 그것과 함께 드려

향기로운 냄새가 되게 하여 여호와께 화제로 삼을지니

이는 너희가 대대로 여호와 앞 회막 문에서 늘 드릴 번제라

내가 거기서 너희와 만나고 네게 말하리라"(출 29:38-42)

대제사장이 매일 아침, 저녁으로 드리는 상번제에서 1년 된 어린양이 중심 제물이라면 나머지 세 가지(밀가루, 기름, 포도주)는 곁들여지는 제물입니다. 그중에서 전제는 독주나 포도주를 제사 제물 위에 부어드리는 제사를 말합니다. 대제사장은 제사 제물을 잘 선택해서 하나님께 드려야 합니다. 가장 좋은 제물을 골라야 합니다. 먼저 매일 1년 된 흠 없는 어린양 두 마리를 잡습니다. 그리고 정해주신 비율로 세 가지 제물을 더하여 잘 준비하여 아침에 한 번, 저녁에 한 번 어린양을 태워서 하나님께 올려 드립니다. 법대로 드리지 않으면 나답과 아비후처럼 그 자리에서 죽습니다. 이것이 대제사장의 상번제입니다.

대제사장은 제사장 나라의 제사법대로 1,500년 동안 매일 상번제를 반복했습니다. 무의미한 반복은 지루합니다. 그러나 꼭 필요한 반복은 매뉴얼로 만들어 공동의 이익을 추구합니다. 하나님께서는 일주일 단위로 삶의 시간을 운영할 수 있도록 만들어주셨습니다. 인간 사회에 수많은 변동이 있었지만 일주일 단위로 반복되는 시스템은 바뀌지 않았습니다.

제사장 나라 1,500년 동안 하나님께 수많은 제사를 드렸는데 그중 대제사장이 드린 상번제와 유월절을 헤아린다면 100만 번도 넘을 것입니다. 이는 1년 된 어린양을 100만 번 이상 하나님께 제물로 드렸다는 뜻입니다. 그 바탕 위에 '하나님의 어린양'이 나온 것입니다. 그렇게 1,500년 동안 제사의 모든 절차를 충분히 습득하여 체득했기에 세례 요한이 예수님을 보고 "보라 세상 죄를 지고 가는 하나님의 어린 양이로다"(요 1:29)라고 말했을 때 모든 사람이 단번에 그 말의 의미를 알아들었던 것입니다. 그리고 번제를 드리는 엄청난 횟수의 반복을 통해 하나님의 어린양 되신 예수님의 단번 제사가 나오는 것입니다. 그러니 예수님의 단번 제사가 얼마나 의미 있는 반복 끝에 역사에 등장했는지 놀라울 따름입니다. 예수님의 십자가 단번 제사는 참으로 놀라운 하나님의 '의의 결정체'라 할 수 있습니다.

예수님께서는 '하나님의 어린양'이 되셔서 우리를 위한 제물이 되셨습니다. 하나님의 어린양 제물이 전제되지 않았는데 어떻게 "내 살과 피를 먹고 마시라"라는 이야기가 나올 수 있겠습니까? 구약성경의 모든 이야기가 예수님의 살과 피 이야기에 스며들어 있습니다. 구약성경을 충분히 읽어 두면 그 모든 이야기가 하나님께서 계획하신 이야기, 궁극적으로 예수님을 향한 이야기임을 알 수 있습니다. 우리가 은혜라고 말할 때 가장 최고의 은혜 실체는 예수 그리스도께서 우리를 위한 제사 제물이 되신 것입니다. 그래서 우리는 하나님의 어린양 예수께서 우리를 대속하신 구주이심

예수님의 성찬식 선언 3가지 - 관유에서 보혈로

을 믿을 때 살 수 있습니다. 어린양의 의미는 '피 흘림'에 있습니다. 예수님께서 십자가 위에서 하나님의 어린양으로 흘리신 그 피는 '대속의 피'였습니다.

"인자가 온 것은 섬김을 받으려 함이 아니라 도리어 섬기려 하고
자기 목숨을 많은 사람의 대속물로 주려 함이니라"(마 20:28)

사도 바울은 유월절 어린양과 예수님과의 관계를 잘 알고 있었습니다.

"한 사람이 순종하지 아니함으로 많은 사람이 죄인 된 것 같이
한 사람이 순종하심으로 많은 사람이 의인이 되리라"(롬 5:19)

"너희는 누룩 없는 자인데 새 덩어리가 되기 위하여
묵은 누룩을 내버리라
우리의 유월절 양 곧 그리스도께서 희생되셨느니라"(고전 5:7)

또한 〈요한계시록〉을 보면 예수님을 '예수'로 부르는 횟수(12구절)보다 '어린양'이라고 부른 횟수(28구절)가 더 많습니다. 하나님과 어린양의 보좌라는 말이 예수 이름보다 더 많이 쓰여 있습니다.

"큰 소리로 외쳐 이르되 구원하심이 보좌에 앉으신

우리 하나님과 어린 양에게 있도다 하니"(계 7:10)

왜 〈요한계시록〉에 이 용어를 많이 썼을까요? '어린양'이 예수님의 십자가 단번 제사의 은혜를 충분히 인정한 표현이기 때문입니다.

〈출애굽기〉부터 〈요한계시록〉까지 아우르는 중요한 핵심 중 하나가 '어린양'입니다. 예수님의 십자가 전에는 1년 된 어린양이었고, 첫 번째 성찬식을 기준으로 십자가 그 순간부터는 하나님의 어린양이 핵심입니다. 이처럼 실체가 있는 복음 이야기가 우리의 가슴을 뛰게 합니다.

둘째, 유월절 어린양은 제사장 나라 '공직자'로 이어집니다.

하나님께서는 애굽에서의 첫 번째 유월절에 생명을 건진 각 가정의 장자를 하나님의 것으로 삼으셨습니다. 하나님께서는 인구조사 후 열두 지파의 장자를 대신하는 그룹으로 '레위인(Levites)'을 선택하여 하나님의 소유로 삼으시고, 레위 지파를 제사장 나라의 공직자로 세우셨습니다.

"이스라엘 자손 중에 처음 태어난 것은

사람이든지 짐승이든지 다 내게 속하였음은

예수님의 성찬식 선언 3가지 - 관유에서 보혈로

내가 애굽 땅에서 모든 처음 태어난 자를 치던 날에
그들을 내게 구별하였음이라
이러므로 내가 이스라엘 자손 중 모든 처음 태어난 자 대신
레위인을 취하였느니라"(민 8:17-18)

다시 말해 하나님께서는 제사장 나라 시스템을 '12+1'로 정해주셨습니다. 이스라엘 백성을 가나안에서 땅을 분배받아 생업에 종사하여 십일조를 바치는 열두 지파와 땅을 분배받지 않고 제사장 나라 공직자로 헌신하는 레위 지파로 구분하신 것입니다. 레위인은 레위의 아들 게르손, 고핫, 므라리의 후손을 일컫습니다. 레위인은 1개월 이상 남자로 구별되고, 30세 이상 50세 이하로 구별되었습니다. 보통 열두 지파 남자들은 20세가 되면 직업을 가지고 싸움에 나갈 성인으로 구별되어 일하지만, 레위인들은 20세에서 10년을 더 준비한 후 성전에서 봉사하고, 50세에는 현역에서 물러났습니다. 현역에서 물러난 뒤에는 아마도 30세 이하 레위인들의 교육을 감당했을 것입니다. 레위인이 제사장 나라를 위한 '헌신자', 즉 '공직자'로 세워졌기 때문입니다.

특히 하나님께서는 모세를 통해 레위 지파인 아론과 그 아들들의 머리에 기름을 부으시며 아론 가문을 대제사장으로 정해주셨습니다.

"그 아버지에게 기름을 부음 같이 그들에게도 부어서

그들이 내게 제사장의 직분을 행하게 하라

그들이 기름 부음을 받았은즉

대대로 영영히 제사장이 되리라"(출 40:15)

이때 제사장의 머리에 부은 기름은 하나님께서 직접 제조법을 가르쳐주신 '거룩한 관유(sacred anointing oil)'입니다. 관유를 붓고, 바르는 것은 제사장 나라 공직을 세우는 중요한 절차였습니다. 그렇다면 관유는 어떻게 만들까요?

"너는 상등 향품을 가지되 액체 몰약 오백 세겔과

그 반수의 향기로운 육계 이백오십 세겔과

향기로운 창포 이백오십 세겔과

계피 오백 세겔을 성소의 세겔로 하고 감람 기름 한 힌을 가지고

그것으로 거룩한 관유를 만들되

향을 제조하는 법대로 향기름을 만들지니

그것이 거룩한 관유가 될지라

너는 그것을 회막과 증거궤에 바르고

상과 그 모든 기구이며 등잔대와 그 기구이며 분향단과

및 번제단과 그 모든 기구와 물두멍과 그 받침에 발라

예수님의 성찬식 선언 3가지 - 관유에서 보혈로

대제사장 아론 | 후안 데 후아네스 作

• 거룩한 관유 (sacred anointing oil)

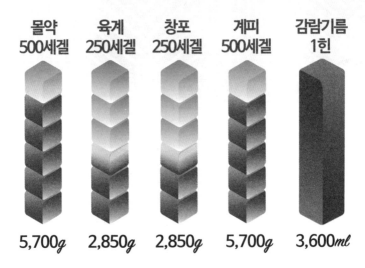

몰약 500세겔	육계 250세겔	창포 250세겔	계피 500세겔	감람기름 1힌
5,700g	2,850g	2,850g	5,700g	3,600ml

너는 아론과 그의 아들들에게 기름을 발라 그들을 거룩하게 하고 그들이 내게 제사장 직분을 행하게 하고
이스라엘 자손에게 말하여 이르기를 이것은 너희 대대로 내게 거룩한 관유니 (출 30:30-31)

그것들을 지극히 거룩한 것으로 구별하라

이것에 접촉하는 것은 모두 거룩하리라

너는 아론과 그의 아들들에게 기름을 발라 그들을 거룩하게 하고

그들이 내게 제사장 직분을 행하게 하고

이스라엘 자손에게 말하여 이르기를

이것은 너희 대대로 내게 거룩한 관유니

사람의 몸에 붓지 말며 이 방법대로 이와 같은 것을 만들지 말라

이는 거룩하니 너희는 거룩히 여기라

이와 같은 것을 만드는 모든 자와 이것을 타인에게 붓는 모든 자는

그 백성 중에서 끊어지리라 하라"(출 30:23-33)

관유를 만드는 데에는 다섯 종류의 재료가 들어갑니다. 몰약 500세겔, 육계 250세겔, 창포 250세겔, 계피 500세겔, 감람기름 1힌입니다. 감람기름은 올리브기름을 말합니다. 이상의 비율로 다섯 종류의 재료를 섞으면 '거룩한 관유'가 나옵니다. 이 제조법은 민간에서 내려오던 그런 것이 아닙니다. 특별히 하나님께서 말씀해 주신 것입니다. 천지를 조화롭게 만드신 하나님께서 1,500년을 하나님의 통치와 조화롭게 연결될 수 있게 초점을 맞추어 관유 제작의 비율까지 만들어주신 것입니다.

그렇다면 '거룩한 관유'를 어떻게 사용했을까요? 관유를 바르거나 뿌려서

성소의 성물을 거룩하게 구별하였습니다. 즉, 회막, 증거궤, 상, 등잔대, 분향단, 번제단, 물두멍, 받침 등 성소의 모든 기구에 관유를 발라 거룩하게 구별하였습니다. 관유를 바르기 전에는 성소의 기구라 할지라도 거룩하지 않습니다. 브살렐과 오홀리압이 하나님께서 주신 설계도대로 성소 기구를 만들었다 하여도 제조 과정 중에는 그 기구가 아직 거룩하지 않은 것입니다. 하나님께서 명령하신 대로 관유를 바를 때 비로소 성소의 기구들은 거룩하게 됩니다. 하나님께서는 거룩하게 된 기구들을 성소에 보관하게 하셨고, 제사장 나라 법에 따라서만 만지고 볼 수 있도록 구별해 놓으셨습니다.

또한 하나님께서는 아론과 그 아들들에게 기름을 발라 거룩하게 하셨습니다. 관유는 모든 사람이 바를 수 있는 것이 아닙니다. 일부 사람에게만 적용된, 제사장 나라 법으로 규정한 기름 부음입니다. 그래서 하나님께서는 거룩한 관유를 만드는 방법대로 기름을 만들지 말라고 명령하셨습니다. 즉, 하나님께서 알려주신 비율로 기름을 만들어 상용화하지 말라는 것입니다. 만약 그렇게 하면 만든 사람은 물론이고 기름을 붓는 자까지 모두 죽이라고 명령하셨습니다. 이는 하나님께서 알려주신 비율로 관유를 만들어서 제사장에게, 그리고 성물에 공적으로만 사용하라는 말씀으로 선을 넘지 말라고 명령하신 것입니다.

하나님께서는 모세를 통해 아론과 그 아들들에게 관유를 바르게 하셔서 제사장으로 위임하여 제사장 나라의 공직자로 삼으셨습니다. 나라는 공직자 비율과 백성의 비율이 맞아야 합니다. 즉 제사자와 제사장의 비율이 맞아야 합니다. 일례로 애굽에서 첫 번째 유월절 때, 히브리인의 장자 숫자와 가족 수대로 잡은 1년 된 어린양의 숫자에서 그 비율이 절대적임을 확인할 수 있습니다. 그래서 하나님께서 그 장자들 숫자대로 대신 레위 지파를 세워 제사장 나라 공직 시스템이 운영되게 하신 것입니다(민 3:44-51). 이는 제사장 나라 유지를 위한 최고의 공직자 비율이었습니다.

그런데 레위 지파의 아론 가문이 제사장 나라 공직자인 대제사장으로 자리를 잡는 일은 실상 쉬운 일이 아니었습니다. 제사장은 제사장 나라의 공직자인 만큼 사명과 특권을 상시 기억해야 했습니다. 그런데 아론의 두 아들 나답과 아비후가 잘못된 제사를 드림으로 죽임을 당한 것입니다. 이는 제사 제도에 대한 경계의 사건이었습니다(레 10:1-7).

그리고 가데스 바네아 정탐 사건 후 지도자 모세에 대한 불만과 아론을 대제사장으로 인정하지 않으려는 고라와 다단과 아비람의 반역 사건, 이로 인한 처벌로 백성들에게 염병 사건이 일어났습니다. 이때 모세는 아론에게 향로를 들고 염병이 퍼지고 있는 백성들 사이로 들어가게 함으로 하나님의 용서를 구했습니다(민 16:46-48). 이처럼 제사장직은 목숨을 건 사명을 감당해야 하는 직분이었습니다. 하나님께서는 제사장 나라의 제사장 권위를 세우시기 위해 아론의 지팡이에 꽃이 피고 열매가 맺히는 기적까지 베푸셨습니다(민 17:1-8).

이후 제사장 나라 공직 임명을 상징하는 기름 부음은 대제사장에서 '왕'으로 이어집니다. 이스라엘의 초대 왕 사울이 기름 부음을 받았습니다. 그런데 이 기름 부음은 사울이 원하는 대로 그의 아들 대(代)로 이어갈 수 없었습니다. 사울이 제사장 나라를 위해 정치하지 않고 왕의 권력을 자신의 출신 지파인 베냐민 지파에 집중시킴으로 권력을 사유화했기 때문입니다. 나라의 경영은 하나님께 있습니다. 사울 이후 다윗이 열두 지파로부터 기름 부음을 받고 왕이 됩니다. 그때만 해도 다윗의 후손이 계속해서 왕이 될 것이라는 확신은 없었습니다. 사울의 아들 요나단을 지켜보았기 때문에 더욱 그렇습니다. 그런데 다윗이 나단에게 '성전 건축'에 대한 꿈을 말했을 때 하나님께서 나단을 통해 중요한 말씀을 해주셨습니다.

"네 수한이 차서 네 조상들과 함께 누울 때에
내가 네 몸에서 날 네 씨를 네 뒤에 세워
그의 나라를 견고하게 하리라
그는 내 이름을 위하여 집을 건축할 것이요
나는 그의 나라 왕위를 영원히 견고하게 하리라"(삼하 7:12-13)

"네 왕위를 영원히 견고하게 하리라"라는 하나님의 약속은 다윗의 아들 솔로몬에게 이어지고, 솔로몬이 왕으로 기름 부음을 받습니다.

"제사장 사독이 성막 가운데에서 기름 담은 뿔을 가져다가
솔로몬에게 기름을 부으니
이에 뿔나팔을 불고 모든 백성이
솔로몬 왕은 만세수를 하옵소서 하니라"(왕상 1:39)

제사장 나라 공직자 임명의 기름 부음이 '대제사장'에서 '왕'으로 확대되었다면, 엘리야를 통해 '선지자'로 더욱 확대됩니다. 하나님께서 엘리야 선지자를 통해 제사장 나라 사명을 감당하지 않는 북이스라엘에 수년간 비가 내리지 않게 하셨습니다. 3년 가뭄 후에 엘리야 선지자는 아합 왕과 맞서며 갈멜산에서 바알 선지자 450명을 죽이기까지 했습니다. 그러나 이세벨 왕후는 눈 하나 깜짝이지 않고 오히려 엘리야를 죽이겠다고 선포했습니다. 그래서 엘리야는 갈멜산 대결을 승리로 이끌었음에도 도망길에 올라야 했습니다. 엘리야는 호렙산에 이르러서 두 번이나 같은 말로 하나님께 호소했습니다.

"이스라엘 자손이 주의 언약을 버리고 주의 제단을 헐며
칼로 주의 선지자들을 죽였음이오며 오직 나만 남았거늘

그들이 내 생명을 찾아 빼앗으려 하나이다"(왕상 19:10,14)

그러자 하나님께서 엘리야에게 중요한 사명을 맡기십니다.

"여호와께서 그에게 이르시되

너는 네 길을 돌이켜 광야를 통하여 다메섹에 가서 이르거든

하사엘에게 기름을 부어 아람의 왕이 되게 하고

너는 또 님시의 아들 예후에게 기름을 부어

이스라엘의 왕이 되게 하고

또 아벨므홀라 사밧의 아들 엘리사에게 기름을 부어

너를 대신하여 선지자가 되게 하라"(왕상 19:15-16)

하나님께서 엘리야를 통해 엘리사에게 기름을 붓게 하심으로 '선지자'에게도 기름을 부어 제사장 나라 공직의 사명을 주십니다.

첫 번째 유월절 '어린양'은 이렇게 '제물'로서의 의미와 '기름 부음, 공직'의 의미를 갖습니다. 이 모든 의미를 담아 1,500년 동안 제사장 나라에서 기름 부음이 지속되면서, 기름 부음은 '메시아사상'으로 이어져 '예수 그리스도' 한 분으로 응축됩니다. '예수 + 그리스도'는 기름 부음 받은 왕 같은 대제사장이시며, 선지자이십니다. 그리고 '예수 + 그리스도'는 하나님의 어

린양으로 친히 제물이 되셔서, 손으로 짓지 아니한 하늘 성소에 들어가 단번 제사를 통해 우리의 죄를 속량하셨습니다. 예수님께서 십자가에서 피 흘리심으로 단번 제사를 이루셨는데, 그 피가 바로 '예수님의 보혈(the Precious blood of Jesus)'입니다. 결국 〈요한계시록〉에서 어린양 예수 그리스도께서는 '이기신 분'으로 하나님의 보좌에 앉으셨으며, 우리를 그 자리에 앉게 하시겠다는 약속을 주셨습니다.

"이기는 그에게는 내가 내 보좌에 함께 앉게 하여 주기를
 내가 이기고 아버지 보좌에 함께 앉은 것과 같이 하리라"(계 3:21)

SACRED ANOINTING OIL & PRECIOUS BLOOD JESUS 3

관유와 보혈
- 죄 사함의 길

인간은 공의의 하나님 앞에서 죄인이며, 죄의 삯은 사망입니다. 그러나 하나님께서는 인간의 죄를 용서하고 살리고 싶으셔서 구원 계획을 세우셨습니다. 그중에 하나가 애굽에서의 첫 번째 유월절 사건입니다. 이때 애굽의 장자들은 죄를 용서받을 방법이 없었습니다. 그런데 히브리 장자들은 애굽의 장자들과 달리 죽지 않고 살 수 있었습니다. 왜일까요? 그것은 딱 한 가지 방법, 하나님께서 죄를 용서받는 방법을 히브리 민족에게 알려주셨고, 그들이 하나님께서 제시하신 방법에 순종했기 때문입니다. 히브리 민족이 용서받고 살 수 있었던 하나님의 방법은 '1년 된 어린양' 이었습니다. 1년 된 어린양의 피를 좌우 문설주와 인방에 바르는 순종으로 히브리 민족의 각 가정의 장자가 용서받은 것입니다. 그러나 애굽에서 1년 된 어린양을 잡는 일과 장자와의 관련은 일회성이었습니다. 이후 이 사건을 기반으로 만든 나라가 제사장 나라입니다.

"너희 중에 누구든지 여호와께 예물을 드리려거든
가축 중에서 소나 양으로 예물을 드릴지니라"(레 1:2)

"제사장은 여호와 앞에서 그를 위하여 속죄한즉
그는 무슨 허물이든지 사함을 받으리라"(레 6:7)

"누구든지 … 무슨 허물이든지 사함을 받으리라"라는 말씀은 참으로 놀라운 하나님의 선언입니다. 하나님께서는 〈레위기〉에서 누구든지, 무슨 허물이든지 사함을 받을 수 있는 용서의 방법을 말씀해 주셨습니다. 그리고 그 용서의 방법을 시스템으로 만든 것이 다섯 가지 제사를 세 가지 방법으로 드리는 것입니다. 번제, 소제, 화목제, 속죄제, 속건제를 드릴 때, 제사자는 첫째 예물을 가지고, 둘째 제사장의 도움을 받아, 셋째 하나님의 이름을 두려고 택한 곳에서 제사를 드려야 합니다. 세 가지 방법 중 예물 준비는 각자의 몫입니다. 정성스럽게 준비하여 들고 오면 됩니다. 하지만 더 중요한 조건은 여호와의 이름을 두려고 택한 곳에서 제사장의 도움을 받아 제사를 드리는 것입니다. 그래서 제사 절차를 전담하는 공직자가 필요했고, 그 공직자로 '제사장'이 나오게 된 것입니다.

제사를 집례하는 제사장들은 용서받은 경험이 있는 사람들입니다. 하나님께서 레위인을 선택하신 것은 첫 번째 유월절 때 순종하여 용서받은 장자들을 대신하여 선택하신 것입니다. 그리고 그중에서 아론을 대제사장으로 임명하시면서 모세를 통해 만들게 하신 '관유'를 붓게 하시고 제사장 나라 공직자의 책임을 맡기셨습니다. 제사장 나라의 공직자를 의미하는 '관유'의 사용은 이후에 왕과 선지자로도 이어졌습니다.

그다음 제사 장소가 중요한 조건이었습니다. 여호와의 이름을 두려고 택한 곳, 그곳은 십계명 돌판이 들어 있는 언약궤가 있는 곳입니다. 언약궤는 설계도대로 만든 다음, 관유를 바르는 순간 제사로 하나님을 만날 수 있는 거룩한 공적 장소가 됩니다. 따라서 언약궤가 있는 성막은 제사장 나라 공직자인 제사장이 공무를 실행하는 센터입니다.

이렇게 '관유'는 제사장과 제사 장소(성막, 성전)와 떼려야 뗄 수 없습니다. 이를 통해야 누구든지, 무슨 허물이든지 용서받을 수 있는 것입니다. 그리고 이 시스템은 1,500년을 유지했습니다. 그러다가 하나님께서 제사의 3대 조건, 즉 제물, 제사장, 여호와의 이름을 두려고 택하신 곳 장소가 한꺼번에, 단번에 이루어질 수 있도록 준비하셨습니다. 바로 하나님께서 그 아들을 제물로 삼고, 그 아들에게 제사장의 직무를 감당하게 하시고, 장소로 손으로 짓지 아니한 곳, 십자가를 준비하신 것입니다. 그렇게 해서

· 관유와 보혈

관유
(sacred anointing oil)

1 첫 번째 유월절에서 시내산 언약 ▶ 새 언약(첫 번째 성찬식)

보혈
(precious blood)

2 예수님의 십자가 이후 ▶ 모든 그리스도인이
'나라와 제사장'이 되어 하나님께 영광

3 첫 번째 성찬식에서 '오순절 성령강림' 예고

그리스도, 곧 기름 부음 받은 예수님께서 모든 인생의 죄를 십자가 단번 제사로 해결하셨습니다.

〈레위기〉에서는 '누구든지'의 범위가 사실상 이스라엘 백성이었습니다. 그런데 예수님의 단번 제사에서는 누구든지의 범위가 '모든 민족'입니다. 바울이 〈로마서〉에서 이를 명확히 말합니다.

"곧 예수 그리스도를 믿음으로 말미암아
모든 믿는 자에게 미치는 하나님의 의니 차별이 없느니라"(롬 3:22)

모든 민족 중에서 예수 그리스도를 믿는 사람에게 차별이 없다! 참으로 놀라운 증언입니다.

율법과 선지자들에게 증거를 받은 것, 곧 예수 그리스도를 믿는 사람에게 미치는 하나님의 의는 '차별이 없다'는 것입니다. 제사장 나라에서는 관유, 기름 부음을 받은 제사장의 도움을 받아 제사를 드린 사람이 용서를 받았다면, 이제 하나님 나라에서는 예수 그리스도를 믿음으로 용서를 받는 사람의 범위에 차별이 없다는 것입니다. 놀라운 일이 생긴 것입니다.

"그리스도 예수 안에 있는 속량으로 말미암아

예수님의 성찬식 선언 3가지 - 관유에서 보혈로

하나님의 은혜로 값 없이 의롭다 하심을 얻은 자 되었느니라

이 예수를 하나님이 그의 피로써

믿음으로 말미암는 화목제물로 세우셨으니

이는 하나님께서 길이 참으시는 중에 전에 지은 죄를 간과하심으로

자기의 의로우심을 나타내려 하심이니"(롬 3:24-25)

속량(贖良), 곧 '예수 안에 있는 속량'이라는 말 속에 단번 제사가 들어 있습니다. 제사장 나라의 제사법이 없었다면 단번 제사, 속량이라는 말도 없을 것입니다. 하나님께서 예수 그리스도 안에 있는 속량을 준비하신 것입니다.

"우리가 알거니와 무릇 율법이 말하는 바는

율법 아래에 있는 자들에게 말하는 것이니

이는 모든 입을 막고 온 세상으로

하나님의 심판 아래에 있게 하려 함이라"(롬 3:19)

율법이 나오면서 하나님의 심판의 명확성이 뚜렷하게 된 것입니다.

"그러므로 율법의 행위로 그의 앞에 의롭다 하심을 얻을 육체가 없나니

율법으로는 죄를 깨달음이니라"(롬 3:20)

마지막 유월절 첫 번째 성찬식

From the sacred anointing oil to the precious blood of Jesus

관유에서 보혈로

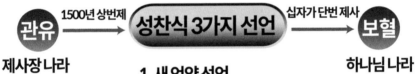

관유 — 1500년 상번제 → 성찬식 3가지 선언 — 십자가 단번 제사 → 보혈

제사장 나라

1. 새 언약 선언
2. 그리스도인 선언
3. 보혜사 성령님의 임재 선언

하나님 나라

십자가를 지신 예수님 | 바르톨로메 에스테반 무리요 作

율법이 있으므로 인간은 율법을 통해서 자신이 얼마나 용서받아야 될 죄인인지를 깨닫게 됩니다.

"이제는 율법 외에 하나님의 한 의가 나타났으니
율법과 선지자들에게 증거를 받은 것이라"(롬 3:21)

예수님께서 3년 공생애 끝에 맞이한 유월절을 마지막 유월절로 정하신 것이나, 예수님께서 왕 같은 대제사장이 되신 것이나, 또한 예수님께서 손으로 짓지 아니한 하늘 성소 십자가에 달리신 것이나, 모두 율법의 증거입니다. 율법이 없으면 이런 일들이 있을 수 없습니다. 그리고 선지자들을 통한 증거가 있습니다. 예를 들어 요나의 물고기 배 속 3일은 예수님의 십자가와 부활 사이 3일을 말합니다. 이러한 내용들이 율법과 선지자의 증거라는 것입니다.

"모든 사람이 죄를 범하였으매 하나님의 영광에 이르지 못하더니
그리스도 예수 안에 있는 속량으로 말미암아
하나님의 은혜로 값 없이 의롭다 하심을 얻은 자 되었느니라"(롬 3:23-24)

죄인인 우리는 하나님의 영광을 볼 수 없습니다. 그러나 이제 예수 그리스도를 통하여 속량을 받고 하나님의 사랑과 은혜를 받을 뿐만 아니라, 하나

님의 의로우심을 드러내고 우리도 의롭다 하심을 얻게 되었습니다. 그래서 하나님께 영광 돌리는 자리에 나아갈 수 있게 되었습니다.

"이 예수를 하나님이 그의 피로써
믿음으로 말미암는 화목제물로 세우셨으니
이는 하나님께서 길이 참으시는 중에 전에 지은 죄를 간과하심으로
자기의 의로우심을 나타내려 하심이니"(롬 3:25)

하나님께서 예수님을 화목제물로 세우셨다는 것은 예수님의 '필요성'을 말씀하신 것입니다. 즉 예수님의 '보혈'입니다. 첫 번째 유월절 때 1년 된 어린양을 정하신 분도 하나님이십니다. 그리고 제사장 나라 시스템으로 제물을 어떻게 준비하여 제사를 드릴지 정하신 분도 하나님이십니다. 마침내 하나님께서 1,500년 후 그 모든 율법과 선지자의 증거를 가지고 예수님의 피로 제사드릴 것을 정하셨습니다. 그 일을 예수님께서 순종하심으로 로마서 3장 25절과 같은 결과를 만드신 것입니다. 예수님의 모든 행동을 함축하면 '보혈'입니다. 그런데 예수님께서 이것으로 끝이 아니라 '떡(빵)과 포도주'를 먹고 마시면서 계속해서 예수님의 보혈을 기념하라고 말씀하셨습니다.

'기념'에는 과거, 현재, 미래가 동시에 들어 있습니다. 과거의 모든 준비는

현재를 만듭니다. 그리고 현재는 미래로 나아가기 위함입니다. 우리는 '보혈'을 기념하면서 예수님께서 우리에게 맡겨주신 하나님 나라의 책무를 수행해야 합니다. 그 책무란 로마서 3장에서 바울이 말한 그리스도인의 기쁨을 또 다른 누군가에게 전하는 것입니다. 그래서 예수님께서 우리를 '나라와 제사장'으로 삼으신 것입니다. '전하는 기쁨'이란 곧 지상명령 수행입니다. 우리가 예수 그리스도의 몸과 피를 먹고 마심은 우리가 단지 예수님의 행동을 믿고 따르는 사람이 되는 것만이 아니라, '예수님의 사람'이 되어서 하나님 나라가 되고 제사장이 되는 것입니다. 그래서 '보혈'이 중요합니다.

'관유에서 보혈로'라는 말은 죄의 문제를 해결하고 용서받는 데서 끝나지 않았습니다. 하나님께 영광 돌리는 자녀의 자리로 올라가 또 누군가를 그 자리에 올라오도록 만드는 책무와 사명을 모두 포괄하는 놀라운 기념 언어입니다.

관유와 보혈의 공통점은 '흐른다'는 것입니다. 흘러서 소통하게 하고, 살아 있게 합니다. 하나님께서는 관유를 통해 제사장 나라 공직자를 세워 하나님의 통치를 살아 있게 하셨습니다. 그리고 '메시아'를 예비하셨습니다. 즉 1,500년 제사장 나라를 관유로 이끌며 진정한 하나님 나라를 완성하신 예수 그리스도의 사명을 준비하신 것입니다. 이 모든 이야기가 다윗의 시편에 잘 표현되어 있습니다.

"머리에 있는 보배로운 기름이 수염 곧 아론의 수염에 흘러서

그의 옷깃까지 내림 같고

헐몬의 이슬이 시온의 산들에 내림 같도다

거기서 여호와께서 복을 명령하셨나니 곧 영생이로다"(시 133:2-3)

관유의 흐름이 결국 예수 그리스도의 보혈을 지나 영생까지 이르게 됨을 다윗의 시편을 통해 보게 됩니다.

예수 그리스도의 보혈, 예수의 피가 흘러서 우리를 살아 있게 합니다. 예수 그리스도의 십자가는 끝이 아니라 하나님 나라의 영원한 시작이었습니다. 이 놀라운 '보혈'의 능력을 '떡(빵)과 포도주' 성찬으로 기념함으로 우리의 사명이 시작되는 것입니다. 사명자가 될 수 있는 것은 〈로마서〉에서 말한 대로 의로우신 하나님께서 우리 믿는 이들을 의롭게 여기셔서 죄인이었던 우리의 신분을 사명자로 바꾸셨기 때문입니다.

from the
SACRED ANOINTING OIL
TO the
PRECIOUS BLOOD
of JESUS

chapter 2

예수님의 성찬식 선언

Jesus' Holy Communion Declaration

우리는 '마지막 유월절 첫 번째 성찬식'에 관한 기록을 볼 때 유사성을 지닌 마태, 마가, 누가의 기록과 특별성을 지닌 요한의 기록을 통(通)으로 묶어서 보아야 합니다.

예수님께서는 살과 피를 상징하는 떡(빵)과 포도주를 먹고 마시며 "나를 기념하라"라고 말씀하시며 이를 '새 언약'의 표식으로 주셨습니다. 이 위대한 이야기를 마태, 마가, 누가는 상세하게 기록했습니다. 즉, 예수님께서 성육신하셔서 이 땅에 오신 목적이 우리를 속량하기 위해 제물이 되어 십자가 단번 제사를 드리심으로 우리에게 예수님의 살과 피를 주시기 위해서라고 증언한 것입니다.

마태, 마가, 누가의 모든 기록을 다 읽은 사도 요한이 세월이 많이 흐른 뒤에 그날 예수님께서 주셨던 메시지에 좀 더 초점을 맞추어 〈요한복음〉을 기록했습니다. 즉, 예식과 말씀으로 볼 때 사도 요한이 말씀 측면에 더 초점을 두었다고 할 수 있겠습니다. 그래서 우리는 다락방 이야기 혹은 예수님의 마지막 고별 메시지라는 요한복음 13장부터 17장까지 이야기와 마태, 마가, 누가의 〈공관복음〉에 기록된 성찬식을 함께 묶어 통(通)으로 보아야 합니다.

결국 통(通)으로 보면 '마지막 유월절 첫 번째 성찬식' 기록은 〈공관복음〉과 〈요한복음〉의 말씀이 하나입니다. 마지막 유월절 날 예수님께서는 '떡(빵)과 포도주'로 예수님의 살과 피를 기념하라고 하시며 새 언약을 체결하시고, 첫 번째 성찬식을 제정하셨습니다. 그다음 이야기(요한복음을 통해)로 예수님께서는 누가 성찬식을 기념할 것인지, 그리고 기념하는 사람은 홀로 기념하지 않고 보혜사 성령님께서 함께하신다는 것을 가르쳐주셨습니다.

선언과 증언은 차이가 있습니다. 선언은 외부에 정식으로 공표하는 것을 의미합니다. 증언은 증인으로서 사실을 진술하는 것입니다. 그러므로 선언이 먼저이고 증언은 그다음입니다. 예수님의 선언이 선포된 후 수많은 증언이 나왔습니다.

예수님께서는 마지막 유월절 첫 번째 성찬식 때에 '세 가지 선언'을 하셨습니다. 첫째, '새 언약'을 선언하셨습니다. 둘째, '그리스도인'을 선언하셨습니다. 셋째, '보혜사 성령님의 임재'를 선언하셨습니다. 성경을 통(通)으로 보면 예수님의 성찬식 세 가지 선언을 위해 그렇게 오랫동안 하나님께서 준비하셨음을 알 수 있습니다.

포도나무와 가지 비유를 통해서 말씀해 주신 대로 예수님과 하나가 된 그리스도인들은 새 언약의 증인이 되어 성찬식을 기념할 것입니다. 그리고 그리스도인들은 예수님께서 보내실 성령님이 거하시는 처소인 '성령의 전'이 되어 성령님의 인도하심을 받아 예수님처럼 영광을 돌리는 하나님 나라의 공직자로 살면서, 예수님께서 다시 오실 때까지 지상명령의 사명을 감당할 것입니다. 예수님께서는 이 놀라운 이야기를 '마지막 유월절 첫 번째 성찬식' 때 모두 포괄적으로 말씀해 주셨습니다. 그러므로 우리는 '마지막 유월절 첫 번째 성찬식' 그날의 기록인 〈공관복음〉과 〈요한복음〉을 통(通)으로 보아야 합니다.

예수님은 첫 번째 성찬식 때
'새 언약을 선언'하셨다

예수님께서 '마지막 유월절 첫 번째 성찬식'에서 하신 첫 선언은 '새 언약'
선언입니다.

"또 떡을 가져 감사 기도하시고 떼어

그들에게 주시며 이르시되

이것은 너희를 위하여 주는 내 몸이라

너희가 이를 행하여 나를 기념하라 하시고

저녁 먹은 후에 잔도 그와 같이 하여 이르시되

이 잔은 내 피로 세우는 새 언약이니

곧 너희를 위하여 붓는 것이라"(눅 22:19-20)

예수님의 살과 피로 세운 새 언약

예수님께서 '마지막 유월절 첫 번째 성찬식' 때 체결하신 새 언약의 실체는 무엇입니까? '새 언약'이라는 말은 1,500년 전 모세 때 언약인 시내산 언약을 전제로 한 것입니다. 그러므로 이 질문은 먼저 모세 때 시내산에서 맺은 시내산 언약이 무엇인지 알아야 하고, 그 기반 위에서 모세의 언약이 옛 언약이 되면서 새 언약을 주신 말씀이 정리되어야 합니다.

"모세가 그 피를 가지고 백성에게 뿌리며 이르되

이는 여호와께서 이 모든 말씀에 대하여

너희와 세우신 언약의 피니라"(출 24:8)

시내산 언약은 애굽의 노예로 살던 히브리 민족이 출애굽하여 시내산에서 머물 때, 모세를 중재자로 하여 '시내산에서 하나님을 상징하는 제단(출 24:6)과 백성(출 24:8)에 소의 피를 뿌리며, 제사장 나라 거룩한 시민 언약을 맺는 이야기'입니다. 하나님과 아브라함의 후손들인 히브리 민족이 제사장 나라 미래의 관계 이야기를 언약으로 맺은 것이 시내산 언약의 실체입니다.

시내산 언약의 실체는 크게 다섯 가지로 정리할 수 있습니다. 첫째는

613가지 율법을 압축한 십계명입니다. 둘째는 하나님의 임재를 상징하는 장소인 성막과 제사장과 제사장의 제사 규례입니다. 셋째는 다섯 가지 제사(번제, 소제, 화목제, 속죄제, 속건제) 항목입니다. 넷째는 제사장 나라의 3대 명절인 유월절과 칠칠절, 초막절입니다. 다섯째는 제사장 나라의 3대 절기인 안식일, 안식년, 희년입니다.

시내산 언약의 주요한 다섯 가지 내용은 하나님과 제사장 나라 언약을 맺음으로 '제사장 나라 거룩한 시민'이 된 이스라엘 백성이 앞으로 지켜야 할 미래 이야기가 되었습니다. 이스라엘 백성이 이 언약을 지키면 율법 안에 담긴 '하나님 사랑과 이웃 사랑'이 실현되면서 복을 받습니다. 그러나 이스라엘 백성이 하나님과 맺은 언약을 지키지 않으면 저주를 받게 됩니다. 복과 저주는 이스라엘 백성의 언약 실행 여부에 따라 결정됩니다.

그리고 시내산 언약과 새 언약 사이에 예레미야를 통한 '새 언약 예고'가 있었습니다.

"여호와의 말씀이니라 보라 날이 이르리니
내가 이스라엘 집과 유다 집에 새 언약을 맺으리라
… 내가 이스라엘 집과 맺을 언약은 이러하니
곧 내가 나의 법을 그들의 속에 두며 그들의 마음에 기록하여

나는 그들의 하나님이 되고 그들은 내 백성이 될 것이라

여호와의 말씀이니라"(렘 31:31-33)

시내산 언약 기반 위에 제사장 나라는 1,500년 동안 존속했습니다. 그리고 예수님께서는 제사장 나라의 기반 위에 마지막 유월절 첫 번째 성찬식 때 새 언약을 선포하셨습니다. 예수님께서 '내 피로 세우는 새 언약'이라고 선언하심으로 모세 때 소의 피로 세운 시내산 언약은 옛 언약이 됩니다. 예수님께서 새 언약을 선포하시는 그 순간에 모세의 언약은 옛 언약이 되어 끝이 난 것입니다. 아직도 모세 때 맺은 언약이 끝나지 않았다고 주장한다면 매우 곤란합니다. 새 언약, 곧 새로운 약속이 선언되었다는 것은 "이전 것이 끝났다"라는 것을 전제합니다. 이전의 약속은 바로 '이 순간', 새 언약 선언의 순간을 위해 있는 것입니다.

"이스라엘 자손의 청년들을 보내어

여호와께 소로 번제와 화목제를 드리게 하고

모세가 피를 가지고 반은 여러 양푼에 담고 반은 제단에 뿌리고

언약서를 가져다가 백성에게 낭독하여 듣게 하니 그들이 이르되

여호와의 모든 말씀을 우리가 준행하리이다

모세가 그 피를 가지고 백성에게 뿌리며 이르되

이는 여호와께서 이 모든 말씀에 대하여

너희와 세우신 언약의 피니라"(출 24:5-8)

"저녁 먹은 후에 잔도 그와 같이 하여 이르시되
이 잔은 내 피로 세우는 새 언약이니
곧 너희를 위하여 붓는 것이라"(눅 22:20)

하나님께서는 옛 언약인 시내산 언약을 선포하시기 전에 3일의 준비 기간
을 두셨습니다. 드디어 셋째 날 아침 하나님께서 하늘 문을 여시고 시내산
에 강림하셨습니다. 하나님께서는 "나는 너를 애굽 땅, 종 되었던 집에서
인도하여 낸 네 하나님 여호와니라"(출 20:2)라고 말씀하시면서 십계명을
선언하셨습니다. 계속해서 이스라엘 백성을 향해 하나님의 선언이 이어
지려 하자 하나님의 말씀을 직접 듣는 것이 두려운 백성들은 모세에게 중
재를 요구했습니다.

"당신이 우리에게 말씀하소서 우리가 들으리이다
하나님이 우리에게 말씀하시지 말게 하소서
우리가 죽을까 하나이다"(출 20:19)

이스라엘 백성은 하나님의 율법 선언을 계속 듣는 것이 너무 두려웠습니
다. 그래서 하나님께 대한 무서움, 경외심 등으로 모세에게 중재를 요청

마지막 만찬 | 장 바티스트 드 샹파뉴 作

한 것입니다. 그런데 첫 번째 성찬식에서 말씀하신 예수님의 새 언약 선언의 분위기는 시내산 언약의 분위기와 달랐습니다. 옛 언약 선언식의 장면을 염두에 두고 비교해 보면서 첫 번째 성찬식의 새 언약을 살펴보아야 합니다.

시내산 언약은 그때로부터 1,500년 동안 살아 있는 언약이었습니다. 그랬기에 예수님께서 열두 살에 마리아와 요셉의 손을 잡고 나사렛에서 예루살렘까지 그 멀고 먼 길을 가서 유월절 명절을 지키셨던 것입니다. 그러나 예수님의 새 언약 선언 이후부터는 유월절 법을 지키기 위해 예루살렘 성전에 가는 것은 불법입니다. 예수님께서 새 언약을 선언하신 그 순간부터 제사장 나라의 유월절, 칠칠절, 초막절 명절과 안식일, 안식년, 희년 절기에 드리던 다섯 가지 제사, 즉 번제, 소제, 화목제, 속죄제, 속건제는 종료되었습니다.

지난 1,500년 동안 앗수르, 바벨론, 페르시아, 헬라 제국이 세상을 통치하고 지배해도 '제사장 나라 법'은 살아 있었습니다. 로마 제국이 유대를 지배하고 있을 때도 예루살렘 성전을 중심으로 제사장 나라 법은 변함없이 지속되었습니다. 오히려 대대적인 상업화까지 이루어 로마 제국 전역에 흩어져 살던 디아스포라 유대인까지 모두 예루살렘 성전으로 모여 '제사장 나라 법'으로 명절을 지켰습니다. 그렇게 1,500년을 유지해 오던 제사장 나라 제사법과 절기법과 명절법을 비롯한 제사장 나라의 모든 법은 예수님의 새 언약 선언으로 종료되어 끝이 났습니다. 그러므로 새 언약이 얼마나 위대한 선언인지 잘 기억해 둘 필요가 있습니다.

예수님께서는 예수님의 '살과 피'로 새 언약을 세우셨습니다. 그리고 그날 밤 예수님께서는 산헤드린 공회 세력에 의해 체포되시고 로마 제국의 십자가에서 피 흘리심으로 새 언약을 완성하셨습니다. 옛 언약이 하나님의 공의였다면, 새 언약은 십자가를 통한 하나님 공의의 완성입니다. 이 사실이 중요합니다. 하나님께서는 1,500년 전 시내산에서 하나님의 공의를 선언하셨습니다. 그 선언의 완성이 바로 예수님의 새 언약입니다. 이 사실을 좀 더 구체적으로 살펴보면 다음과 같습니다.

'화목제물'이라는 말이 있습니다. 하나님께는 하나님과 제사장 나라 언약을 맺은 이스라엘 백성에게 제사장 나라 법을 주셨는데, 하나님께서 인간의 죄를 용서하시는 데에는 '피 흘림'이 전제되어야 했습니다.

예를 들어서, 아담이 하나님과의 약속을 어기고 죄를 지은 후 하나님의 낯을 피해 에덴 동산 나무 사이에 숨어버린 사건이 성경에 기록되어 있습니다. 하나님께서 아담에게 찾아가셔서 "괜찮다, 그냥 없었던 일로 하자"라고 말씀하시는 것이 아니라, 선악과를 따먹은 행동은 용서하시되 가죽

옷을 입혀주시며 에덴 동산에서는 나가게 하셨습니다. 하나님께서 아담에게 가죽옷을 지어 입히셨다는 것은 짐승의 피를 흘리게 하셨다는 것입니다.

피 흘림은 하나님께서 죄지은 인간들과 관계를 다시 새롭게 하시는 방법이었습니다. 죄지은 인간을 하나님과 화목하게 하려면 이처럼 용서를 위한 피 흘림이 필요했습니다. 그렇게 하나님의 공의가 내려오고 또 내려오다가 본격적으로 첫 번째 유월절에 어린양의 피를 집 좌우 문설주와 인방에 발랐고, 시내산 언약 때에는 소를 잡아 그 피를 제단과 백성들에게 뿌렸습니다. 그리고 인간은 죄를 용서받기 위해 다섯 가지 제사, 즉 짐승을 잡아 그 피를 뿌리는 등의 제사 절차를 통해 하나님 앞에 설 수 있었습니다.

그렇게 다섯 가지 제사를 1,500년 동안 지속해 오다가 예수님께서 십자가에서 피 흘리심으로 하나님의 공의를 완성하신 것입니다. '피 흘림' 없이는 '죄 사함'이 없습니다. 십자가에서 흘리신 예수님의 보혈로 드린 단번 제사가 하나님 앞에 '완전한 제사'가 되었기 때문에 이제 제사장 나라 5대 제사는 필요 없게 됩니다. 이 내용이 첫 번째 성찬식 '새 언약 선언'의 핵심입니다. 그 내용이 〈히브리서〉에 충분히 나와 있습니다.

"이러므로 첫 언약도 피 없이 세운 것이 아니니

모세가 율법대로 모든 계명을 온 백성에게 말한 후에

송아지와 염소의 피 및 물과 붉은 양털과 우슬초를 취하여

그 두루마리와 온 백성에게 뿌리며

이르되 이는 하나님이 너희에게 명하신 언약의 피라 하고

또한 이와 같이 피를 장막과 섬기는 일에 쓰는

모든 그릇에 뿌렸느니라

율법을 따라 거의 모든 물건이 피로써 정결하게 되나니

피흘림이 없은즉 사함이 없느니라"(히 9:18-22)

예수님의 십자가와 관련해 산헤드린 공회는 처음에는 이번 유월절에 예수를 죽이기로 결의했습니다. 그런데 예수님께서 예루살렘에 입성하실 때 "호산나 다윗의 자손이여"라고 외치며 환호하는 군중들을 보고 산헤드린 공회가 매우 놀라 그들의 처음 계획을 변경해 이번 유월절에 예수를 죽이는 일을 연기하기로 다시 결의했습니다. 그러나 예수님께서는 이번 유월절에 십자가를 지시겠다고 뜻을 밝히셨습니다.

"너희가 아는 바와 같이 이틀이 지나면 유월절이라

인자가 십자가에 못 박히기 위하여 팔리리라 하시더라"(마 26:2)

성찬식을 제정하시는 예수님 | 니콜라 푸생 作

• 예수님은 당신의 살과 피로 새 언약을 세우셨다.

모세 때 시내산 언약
(소의 피)

…여호와께 소로 번제와 화목제를 드리게 하고
모세가 피를 가지고 반은 여러 양푼에 담고
반은 제단에 뿌리고… 백성에게 뿌리며 이르되
이는 여호와께서 이 모든 말씀에 대하여
너희와 세우신 언약의 피니라 (출 24:5-8)

예수님의 새 언약
(예수님의 살과 피)

이것은 너희를 위하여 주는 내 몸이라
이 잔은 내 피로 세우는
새 언약이니 (눅 22:19-20)
제사장 나라 제사법, 절기법 종료

또 떡을 가져 감사 기도 하시고 떼어 그들에게 주시며 이르시되
이것은 너희를 위하여 주는 내 몸이라 너희가 이를 행하여 나를 기념하라 하시고
저녁 먹은 후에 잔도 그와 같이 하여 이르시되
이 잔은 내 피로 세우는 새 언약이니 곧 너희를 위하여 붓는 것이라 (눅 22:19-20)

산헤드린 공회의 변덕스러운 의결과 상관없이 예수님께서는 하나님의 때에 하나님의 뜻이 하늘에서 이루어진 것처럼, 땅에서 이루어지도록 앞으로 나아가셨습니다. 가룟 유다의 배신 사건이 일어나면서 산헤드린 공회는 또다시 그들의 의결을 번복하며 이번 유월절에 예수를 죽이기로 뜻을 모읍니다. 그런데 이런 일련의 사건을 보면 거기에 '유월절'이 있음을 보게 됩니다.

'유월절 어린양'이라는 말이 바탕이 되어야 '하나님의 어린양'을 이해할 수 있습니다. 모세와 언약을 맺을 때 피를 뿌린 이야기들이 바탕이 되어야 예수의 피가 '언약의 피'가 됨을 이해할 수 있습니다. 이 모든 것은 예수님의 '그 순간'을 위한 예비였습니다. 하나님의 경륜에 따른 예정이 '때가 차매' 이렇게 나타난 것입니다. 하나님께서 '어린양의 피'를 보고 '넘어가심(passover)'으로 히브리 장자들을 살려주셨던 것처럼, 하나님께서는 '예수의 피'를 보고 우리를 '구원'해 주셨습니다. 이것이 하나님과 우리 사이의 '새 언약'입니다. 예수님의 보혈로 더는 하나님과 인간 사이에 피로 맺는 언약은 없습니다. 짐승의 피로 제사를 드리면 그것은 십자가를 헛되이 하는 것, 예수님의 보혈을 헛되이 하는 것입니다.

"그들이 먹을 때에 예수께서 떡을 가지사 축복하시고
떼어 제자들에게 주시며 이르시되 받으라

이것은 내 몸이니라 하시고

또 잔을 가지사 감사 기도 하시고 그들에게 주시니 다 이를 마시매

이르시되 이것은 많은 사람을 위하여 흘리는

나의 피 곧 언약의 피니라"(막 14:22-24)

새 언약은 시내산 언약을 다시 정리하여 주신 것이 아니라, 예수님께서 이 땅에 오셔서 시내산 언약을 완성하시면서 내놓으신 새로운 미래 약속입니다. 시내산 옛 언약이 제사장 나라 미래 약속을 이루어가는 실천적 과정이었다면, 새 언약은 예수님께서 하나님 나라의 미래 약속을 이루어가는 실천 내용을 선포하신 것입니다.

진정한 하나님 나라 미래 이야기의 시작인 새 언약의 내용은 다섯 가지입니다.

첫째, 부활 영생 소망입니다. 예수님께서는 우리의 죄를 대신 속량하시기 위해 십자가 단번 제사의 제물로 죽으시고 부활하셨습니다. 예수님께서는 부활의 첫 열매가 되심으로 모든 그리스도인의 부활과 영생을 소망하게 하는 첫 시작이 되셨습니다.

둘째, 지상명령 수행입니다. 그리스도인은 부활 영생의 소망을 모든 사람

에게 전하는 지상명령 수행의 사명을 받은 특권자입니다. 지상명령의 소망은 하나님 나라의 현재 이야기이며 동시에 미래 이야기인 새 언약의 실체입니다. 그리스도인이 예수님께서 재림하실 때까지 지상명령 사명을 수행할 때, 예수님께서 보내실 보혜사 성령님께서 동행해 주십니다.

셋째, 그리스도인의 몸은 하나님의 성전이며 성령의 전이 됩니다. '너희 몸이 성전이 된다'는 것은 하나님께서 구약의 성막과 성전에 거하시던 장면을 생각해 볼 때, 예수님과 하나가 된 그리스도인에게 성령님이 오셔서 거주하신다는 참으로 놀라운 말씀으로 그리스도인에게 주시는 상상할 수 없는 큰 영광이며 복입니다.

넷째, 예수님의 재림 약속입니다. 부활 승천하신 예수님께서는 하나님 우편에 앉아 계시다가 하늘 구름을 타고 오실 것입니다.

다섯째, 예수님께서 최후 심판을 통해 새 하늘과 새 땅, 새 예루살렘을 만드시고 하나님의 모든 자녀들을 초대하실 것입니다.

이 모든 약속이 예수님께서 말씀하신 새 언약의 실체이고, 하나님 나라의 현재이자 미래입니다. 우리 그리스도인은 이 사실을 믿고 소망하며 살아가야 합니다.

떡(빵)과 포도주로 상징 - 그리스도인의 성찬식

'첫 번째 유월절'은 하나님께서 이름만 지정하여 시작하게 하신 날이 아닙니다. 엄청난 실천적 행동으로 시작되었습니다. 애굽에서 아브라함의 후손들인 이스라엘 백성의 장자들 60만 명이 1년 된 어린양의 구운 고기와 무교병과 쓴 나물, 세 가지를 먹었습니다. 먹는 방법도 허리에 띠를 띠고 발에 신을 신고 손에 지팡이를 잡고 급히 급히 먹었습니다. 애굽에서의 첫 번째 유월절 그날의 음식은 시대가 바뀌어도 변하지 않고 1,500년 동안 반복되었습니다. 그런데 새 언약 선언 이후 그리스도인은 더 이상 유월절을 기념하기 위해 1년 된 어린양의 구운 고기와 무교병과 쓴 나물을 먹어서는 안 됩니다. 예수님의 살과 피를 기념하며 떡(빵)과 포도주를 먹고 마셔야 합니다.

그렇다면 왜 예수님께서 마지막 유월절에 열두 제자를 대상으로 떡(빵)과 포도주로 예수님의 살과 피를 상징하셨을까요? 그 근거는 대제사장 멜기세덱이 아브라함을 만나는 사건에서 반추해 볼 수 있습니다.

"아브람이 그돌라오멜과 그와 함께 한 왕들을 쳐부수고 돌아올 때에
소돔 왕이 사웨 골짜기 곧 왕의 골짜기로 나와 그를 영접하였고
살렘 왕 멜기세덱이 떡과 포도주를 가지고 나왔으니

• 예수님의 새 언약 선언 이후, 그리스도인은 떡(빵)과 포도주로
예수님의 살과 피를 먹고 마시는 일을 행하게 되었다.

첫 번째 유월절
1년 된 어린양의
구운 고기,
무교병, 쓴나물

마지막 유월절
떡(빵)과 포도주

아브람이 그돌라오멜과 그와 함께 한 왕들을 쳐부수고 돌아올 때에…
살렘 왕 멜기세덱이 떡과 포도주를 가지고 나왔으니
그는 지극히 높으신 하나님의 제사장이었더라 (창 14:17-18)

그리로 앞서 가신 예수께서 멜기세덱의 반차를 따라
영원히 대제사장이 되어 우리를 위하여 들어 가셨느니라 (히 6:20)

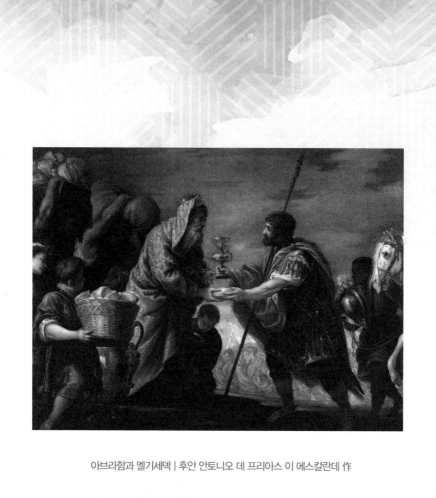

아브라함과 멜기세덱 | 후안 안토니오 데 프리아스 이 에스칼란데 作

그는 지극히 높으신 하나님의 제사장이었더라"(창 14:17-18)

아브라함이 롯을 구하기 위해 318명을 데리고 야습을 감행하여 큰 성과를 거두고 돌아오는 길에 살렘 왕 멜기세덱이 기다리고 있었습니다. 그 때 멜기세덱이 아브라함에게 어젯밤에 이룬 전쟁 승리의 원인을 해석해 주었습니다.

"너희 대적을 네 손에 붙이신 지극히 높으신
하나님을 찬송할지로다 하매
아브람이 그 얻은 것에서
십분의 일을 멜기세덱에게 주었더라"(창 14:20)

하나님의 제사장 멜기세덱은 아브라함이 전쟁에서 승리할 수 있었던 것은 하나님께서 아브라함과 함께하셨기 때문이라고 알려주었습니다. 그러자 아브라함이 그 해석에 대한 보답으로 전쟁에서 얻은 전리품의 십일조를 멜기세덱에게 바쳤습니다. 그런데 여기에서 주목할 점은 멜기세덱이 아브라함을 맞으러 나오는 길에 준비해 왔던 것이 '떡과 포도주'였다는 것입니다.

"살렘 왕 멜기세덱이 떡과 포도주를 가지고 나왔으니

예수님의 성찬식 선언 3가지 - 관유에서 보혈로

그는 지극히 높으신 하나님의 제사장이었더라"(창 14:18)

그리고 멜기세덱은 지극히 높으신 하나님의 제사장이었습니다. 예수님의 대제사장 직책은 레위 지파 아론의 반차가 아닌 멜기세덱의 반차였습니다. 예수님께서는 멜기세덱의 반차를 따라 영원한 대제사장이 되어 하늘 성소 십자가에 오르셔서 우리를 위하여 피 흘리신 것입니다.

"여호와는 맹세하고 변하지 아니하시리라 이르시기를
너는 멜기세덱의 서열을 따라
영원한 제사장이라 하셨도다"(시 110:4)

"그리로 앞서 가신 예수께서 멜기세덱의 반차를 따라
영원히 대제사장이 되어 우리를 위하여 들어 가셨느니라"(히 6:20)

대제사장은 레위 지파의 아론으로 시작되었습니다. 그런데 아론이 제사장 나라의 첫 대제사장으로 취임하기 500여 년 전, 아론의 조상인 아브라함이 하나님의 제사장 멜기세덱에게 십일조를 바쳤고, 떡과 포도주로 축복을 받았습니다. 예수님께서는 눈에 보이는 대제사장 아론의 반차를 따르지 않고 그 이상을 지향하고 계십니다. 그래서 시작도 끝도 없는 멜기세덱의 반차를 따라서 오셨고, 멜기세덱이 아브라함을 축복하기 위해 들고 나왔던 떡과 포도주를 축복의 상징으로 사용하셔서 기념하게 하셨습니다.

'이날을 기념하라'에서 '나를 기념하라'로

'기념'이라는 말이 정말 중요합니다. '기념'이 의미하는 바는 과거에 어떤 중요한 변곡점을 이룬 사건의 실체를 의미화해서 현재도 지켜 그 의미를 되살리는 것입니다. 과거는 지나간 시간이고, 현재는 지금 우리가 사는 시간이며, 미래는 다가올 시간입니다. 과거, 현재, 미래를 한데 묶어서 '기념'이라는 말을 사용합니다. 따라서 과거의 일을 기념하는 것은 현재를 위함이기도 하며 또한 미래에 건네주기도 위함입니다. 예를 들어, 우리는 개인의 생일을 기념하여 축하합니다. 생일날 그 사람의 과거, 현재, 미래를 묶어 축하하고 기념하는 것입니다. 국가 기념일 또한 과거에 있었던 사건을 현재에 되짚어 생각하며 미래를 열자고, 미래에 더 잘해보자고 그날 기념식을 여는 것입니다. 그 기념식은 나라의 정체성이 됩니다.

'기념'은 통치 언어이기도 합니다. 성경에서 기념은 과거, 현재, 미래를 모두 담은 함축 언어이며, 대표적인 하나님의 통치 언어입니다. 하나님께서는 세상을 경영하시기 위해 과거, 현재, 미래를 '기념'이라는 단어에 담아서 하나님의 통치를 이어가셨습니다.

· 예수님의 새 언약 선언 이후,
  그리스도인은 어느 특정한 날이나 장소가 아닌
  언제 어디서나 항상 예수님을 기념할 수 있게 되었다.

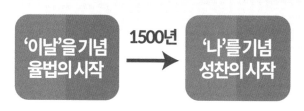

'이날'을 기념
율법의 시작

1500년

'나'를 기념
성찬의 시작

너희가 이를 행하여 나를 기념하라(눅 22:19) – 떡(빵)과 포도주로 반복적으로 기념
세례와 성찬 : 땅끝까지 지상명령 수행이 가능하도록 만든 시스템

또 떡을 가져 감사 기도 하시고 떼어 그들에게 주시며 이르시되
이것은 너희를 위하여 주는 내 몸이라 너희가 이를 행하여 나를 기념하라 하시고 (눅 22:19)

하나님께서는 히브리 민족에게 첫 번째 유월절을 지키게 하시면서 "이날을 기념하라"라고 말씀하셨습니다. '이날' 유월절을 기점으로 하여 칠칠절(오순절), 초막절이 나옵니다.

"너희는 이 날을 기념하여 여호와의 절기를 삼아
 영원한 규례로 대대로 지킬지니라"(출 12:14)

놀랍게도 예수님께서는 제사장 나라 1,500년의 역사를 담은 유월절을 '나를 기념하는 성찬식'으로 바꾸셨습니다. 구약의 유월절, 즉 그해 1년 365일 중 어느 특정한 날을 기념하는 것에서 오직 '나'를 기념하는 것으로 바꾸신 것입니다. 그리고 성찬식을 세상에 퍼뜨려 누구나 예수님의 사람으로 하나가 되어 미래를 살아가도록 현실화하셨습니다. 성찬식 기념은 위대한 터닝 포인트(turning point)였습니다.

"또 떡을 가져 감사 기도 하시고 떼어 그들에게 주시며 이르시되
이것은 너희를 위하여 주는 내 몸이라
너희가 이를 행하여 나를 기념하라 하시고"(눅 22:19)

예수님께서는 첫 번째 성찬식을 거행하시면서 '떡(빵)과 포도주'를 가지고 "나를 기념하라"라고 말씀하셨습니다. 그 이전까지 번제, 소제, 화목제,

속죄제, 속건제, 이 다섯 가지 제사는 각각 드리는 형식이 필요했습니다. 그러나 예수님의 첫 번째 성찬식 이후부터는 모든 제사의 형식은 끝이 나고, 오직 '떡(빵)과 포도주'라는 똑같은 형식으로 항상 기념하게 되었습니다. 예수님의 살과 피를 반복적으로 기념할 수 있는 길(방법)은 예수님께서 정해주신 떡(빵)과 포도주 성찬으로 기념하는 길 외에는 없습니다.

유월절 "이날을 기념하라"가 1,500년 전 세워진 율법의 시작이었다면, "나를 기념하라"라는 말씀은 성찬의 시작이라고 할 수 있습니다. 예수님께서 우리를 구원하시기 위해 어떻게 십자가에서 고통당하시면서 하나님의 어린양으로 산 제물이 되셨는지 우리는 성경을 통해 알 수 있습니다. 이 놀라운 일을 우리가 늘 기억하며 기념해야 하는데 예수님께서 떡(빵)과 포도주 성찬 시스템을 주시지 않았다면 어떻게 지속적으로 이 일을 깊이 생각해 볼 수 있었겠습니까. 예수님께서 "나를 기념하라"라고 하시면서 떡(빵)과 포도주 성찬 시스템을 주셨기에 우리는 늘 반복해서 깊이 생각하고 감사하고 감격할 기회를 얻은 것입니다.

예수님께서 제정하신 성찬식은 한 번으로 끝나지 않고 영원히 지켜야 할 하나님 나라의 기념식이 되었습니다. 하나님 나라의 기념식을 달리 표현하면 '주의 죽으심을 주님 오실 때까지 전하는 것'입니다.

"너희가 이 떡을 먹으며 이 잔을 마실 때마다

주의 죽으심을 그가 오실 때까지 전하는 것이니라"(고전 11:26)

주의 죽으심을 기념한다는 말 안에는 예수님의 십자가 죽음, 부활, 승천, 재림이 모두 들어 있습니다. 바울이 십자가만 알기로 작정했다고 말한 것이 바로 이 이야기입니다(고전 2:1-2). 십자가 안에 예수님의 모든 것이 들어 있기 때문입니다. 이렇게 '십자가'와 '성찬식'은 별개로 가지 않고 하나로 연결되어 있습니다. '유월절'이 제사장 나라의 기념식이었듯이, '성찬식'은 하나님 나라의 기념식이 되었습니다. 그래서 성찬식은 우리에게 주시는 또 하나의 복이며 주님 오실 때까지 반복해서 기념하고 전해야 하는 기념식입니다.

따라서 세례와 성찬식은 땅끝까지 지상명령이 수행되도록 만들어주신 위대한 예식입니다. 성찬식은 광범위하게 2,000년 동안 효과적으로 지켜져서 모든 그리스도인에게 복이 되었습니다.

예수님의 새 언약 선언 이후 그리스도인은 성찬식을 통해 어느 특정한 날이나 장소가 아니라, '언제 어디서나' 항상 예수님을 기념할 수 있게 되었습니다. 제사장 나라의 유월절은 정해진 날에 '하나님의 이름을 두려고 택하신' 특정한 장소에서만 기념했습니다. 이것은 한 치의 오차도 없이 반드시 정해진 법대로 지켜야 하는 제사장 나라 법이었습니다.

"너의 가운데 모든 남자는
일 년에 세 번 곧 무교절과 칠칠절과 초막절에
네 하나님 여호와께서 택하신 곳에서 여호와를 뵈옵되
빈손으로 여호와를 뵈옵지 말고"(신 16:16)

이 법을 지키기 위해 얼마나 많은 하나님의 사람들이 땀과 눈물을 흘렸는지 생각해 본다면, 새 언약 선언을 기점으로 '언제 어디서나' 성찬식이 가능하게 된 것은 정말 감동 그 자체입니다. 그러므로 예수님의 성찬식 선언은 참으로 위대한 선언입니다. 만약 이 선언이 없었다면 우리는 지금도 매년 예루살렘으로 가야 할 것입니다. 그러나 그리스도인은 예수님의 성찬식 선언으로 언제 어디서나 떡(빵)과 포도주를 먹고 마시며 예수님을 기념할 수 있습니다.

예수님은 첫 번째 성찬식 때 '그리스도인을 선언'하셨다

예수님께서는 '마지막 유월절 첫 번째 성찬식' 때 포도나무 비유를 통해 포도나무 줄기와 가지가 하나인 것처럼 예수님과 하나가 된 사람이 '그리스도인'이라고 선언하셨습니다.

"나는 참포도나무요 내 아버지는 농부라

무릇 내게 붙어 있어

열매를 맺지 아니하는 가지는

아버지께서 그것을 제거해 버리시고

무릇 열매를 맺는 가지는 더 열매를 맺게 하려 하여

그것을 깨끗하게 하시느니라

너희는 내가 일러준 말로 이미 깨끗하여졌으니

포도나무 되신 그리스도 | 16세기 작자 미상

내 안에 거하라 나도 너희 안에 거하리라

가지가 포도나무에 붙어 있지 아니하면

스스로 열매를 맺을 수 없음 같이

너희도 내 안에 있지 아니하면 그러하리라"(요 15:1-4)

포도나무 비유 - 예수님과 하나가 된 그리스도인

그리스도인은 누구입니까? 그리스도인이란 그리스도에게 속한 사람, 메시아의 사람이라는 뜻입니다. 즉, 그리스도를 믿고 구주로 고백한 사람입니다. 그리스도인은 예수님의 제자, 하나님의 자녀, 그리스도의 사랑으로 서로 사랑하는 사람을 통칭하는 말입니다.

'그리스도인'이라는 표현은 안디옥 교회에서 처음 나왔습니다.

"바나바가 사울을 찾으러 다소에 가서 만나매

안디옥에 데리고 와서 둘이 교회에 일 년간 모여 있어

큰 무리를 가르쳤고 제자들이 안디옥에서

비로소 그리스도인이라 일컬음을 받게 되었더라"(행 11:25-26)

그런데 '그리스도인'은 안디옥 교회에서 저절로 생겨난 말이 아닙니다. 이는 예수님께서 첫 번째 성찬식 때 포도나무 비유를 통해서 '그리스도인 선언'을 하셨기에 나온 말입니다. 예수님께서 포도나무 비유를 통해 농부는 하나님이시고, 포도나무는 예수 그리스도시고, 가지는 제자들 곧 그리스도에게 속한 사람인 그리스도인이라고 설명해 주셨습니다. 그렇게 예수님과 우리는 하나로 묶여 있습니다.

"나는 포도나무요 너희는 가지라
그가 내 안에, 내가 그 안에 거하면
사람이 열매를 많이 맺나니
나를 떠나서는 너희가 아무 것도 할 수 없음이라"(요 15:5)

그리스도인은 포도나무와 가지가 하나이듯 포도나무 되신 그리스도와 하나 된 이들입니다. 그리스도인은 예수님의 십자가 사랑을 받은 사람으로서 더 나아가 그리스도 안에서 서로 사랑하는 형제입니다. 예수님께서는 "내 계명은 곧 내가 너희를 사랑한 것 같이 너희도 서로 사랑하라 하는 이 것이니라"(요 15:12)라고 말씀하시며 그리스도인의 정체성을 분명히 해주셨습니다.

"서로 사랑하라"라는 말씀은 구약의 율법, 시내산 언약을 한마디로 정리한 '하나님 사랑 이웃 사랑'의 결정체이신 예수 그리스도께서 명하신 그리

·예수님은 첫 번째 성찬식 때 포도나무 비유를 통해
 포도나무 줄기와 가지가 하나인 것처럼
 예수님과 하나 된 자가 그리스도인이라고 선언하셨다.

포도나무 비유 농부-하나님, 줄기-예수 그리스도, 가지-그리스도인

·가나안 3대 과실 : 포도, 올리브, 무화과
·제사장 나라 이스라엘의 상징, 평화와 번영의 상징
  - 노아가 농사를 시작하여 포도나무를 심었더니(창 9:20)
  - 하나님은 하늘의 이슬과 땅의 기름짐이며 풍성한 곡식과 포도주를
    네게 주시기를 원하노라(창 27:28)
  - 솔로몬이 사는 동안에 유다와 이스라엘이 단에서부터 브엘세바에 이르기까지
    각기 포도나무 아래에서 평안히 살았더라(왕상 4:25)
·하나님 나라에서는 예수님의 보혈을 상징하는 성찬의 포도주로
 '그리스도인 됨'의 복을 누림

야곱을 축복하는 이삭 | 니콜라 기 브르네 作

스도인의 사랑 이야기입니다.

그리스도인은 예수님께서 명하신 "너희도 서로 사랑하라"라는 정체성을 가지고 있기에 자신이 받은 예수님의 사랑 이야기에 멈추지 않고, 그 사랑으로 이웃을 사랑할 수 있습니다. 이웃을 사랑한다는 것은 결국 예수님께서 다시 오실 때까지 그 사랑을 땅끝까지 '모든 민족'에게 전하는 지상명령의 사명이라고 말할 수 있습니다.

예수님의 포도나무 비유, 포도주 이야기는 구약에서도 많이 등장합니다. 이를 간단히 살펴보겠습니다.

약속의 땅 가나안의 3대 과실나무는 올리브나무, 무화과나무 그리고 포도나무입니다. 가나안은 겉보기에는 강수량이 적고 척박한 것 같아도 이슬이 많이 내려 식물들이 자랄 수 있는 땅입니다. 특히 무덥고 건조한 기후를 잘 견디고 뿌리를 깊게 내리는 식물들이 잘 자랍니다. 그래서 올리브, 무화과, 포도 농사를 짓기에 적합했습니다. 이스라엘 땅 곳곳에 자라는 이 나무들은 이스라엘의 상징이었고, 이러한 과실이 풍성하다는 것은 이스라엘의 평화와 번영의 상징이 되었습니다.

성경 기록에 포도나무 이야기는 노아 때 처음 등장합니다.

노아가 포도나무를 심었다는 이야기는 홍수 이후 하나님께서 주신 복의 상징이었습니다. 하나님께서는 노아와 그 아들들에게 "생육하고 번성하여 땅에 충만하라"라고 복을 주셨고, 노아는 포도나무를 심어 농사를 시작했습니다.

"노아가 농사를 시작하여 포도나무를 심었더니"(창 9:20)

홍수로 모든 것이 다 사라져 버린 땅에 심은 포도나무를 시작으로 다시 모든 것이 회복되기 시작한 것입니다.

그리고 야곱이 아버지 이삭의 축복을 받는 장면에서 포도주 이야기가 등장합니다. 아브라함이 갈대아 우르를 출발해 하란을 거쳐 마침내 하나님께서 보여줄 땅이라 말씀하신 가나안에 정착한 후 아브라함에 이어 아들 이삭도 가나안에 뿌리를 내리며 살았습니다. 그리고 세월이 흘러 죽을 때가 가까웠다고 생각한 이삭은 죽기 전에 에서를 축복하기 위해 에서에게 사냥해서 별미를 만들어 오라는 말을 했습니다. 그 이야기를 들은 이삭의 아내 리브가는 이삭의 축복이 에서가 아닌 야곱에게 돌아가게 하도록 야곱의 손에 고기와 포도주를 들려 아버지 이삭에게 보냈습니다. 그러자 야곱을 에서로 착각한 이삭이 야곱이 가져온 고기를 먹고 포도주를 마신 후 야곱에게 축복합니다.

"하나님은 하늘의 이슬과 땅의 기름짐이며

풍성한 곡식과 포도주를 네게 주시기를 원하노라

만민이 너를 섬기고 열국이 네게 굴복하리니

네가 형제들의 주가 되고 네 어머니의 아들들이 네게 굴복하며

너를 저주하는 자는 저주를 받고

너를 축복하는 자는 복을 받기를 원하노라"(창 27:28-29)

이삭은 야곱에게 "풍성한 곡식과 포도주를 네게 주시기를 원하노라"라고 축복했습니다. 이삭의 축복을 통해 포도주가 얼마나 큰 복의 상징인지 알 수 있습니다.

포도주에 대한 기록은 솔로몬 때 다시 포도나무 이야기로 등장합니다.

"솔로몬이 사는 동안에 유다와 이스라엘이

단에서부터 브엘세바에 이르기까지

각기 포도나무 아래와 무화과나무 아래에서

평안히 살았더라"(왕상 4:25)

솔로몬이 이스라엘의 왕이었을 때 단에서부터 브엘세바에 이르기까지, 즉 이스라엘 전 지역에 사는 백성들이 각기 포도나무 아래와 무화과나무

아래에서 평안히 살았다는 말은 이스라엘 모든 가정이 복을 받았다는 강렬한 표현입니다.

예수님께서는 공생애 기간 중 포도주로 첫 번째 기적을 행하셨습니다. 기적은 인과율을 능가하는 하나님의 통치 영역의 한 방법입니다. 예수님의 삶으로 들어가 보면 예수님께서는 많은 기적을 일으키시고 보여주시며 공생애 사역을 진행하셨습니다. 예수님께서 행하신 첫 번째 기적은 갈릴리 가나의 어느 혼인 잔치 때 일어났습니다.

"예수께서 그들에게 이르시되
항아리에 물을 채우라 하신즉 아귀까지 채우니
이제는 떠서 연회장에게 갖다 주라 하시매 갖다 주었더니
연회장은 물로 된 포도주를 맛보고도 어디서 났는지 알지 못하되
물 떠온 하인들은 알더라
연회장이 신랑을 불러 말하되 사람마다 먼저 좋은 포도주를 내고
취한 후에 낮은 것을 내거늘
그대는 지금까지 좋은 포도주를 두었도다 하니라
예수께서 이 첫 표적을 갈릴리 가나에서 행하여
그의 영광을 나타내시매 제자들이 그를 믿으니라"(요 2:7-11)

가나 혼인 잔치 | 칼베르트 作

· 예수님의 첫 번째 기적과 첫 번째 성찬식

첫 번째 기적 : 가나 혼인 잔치
물로 포도주를 만드심

첫 번째 성찬식
포도주로 예수님의 보혈을 기념하게 하심

예수께서 이 첫 표적을 갈릴리 가나에서 행하여 그의 영광을 나타내시매 제자들이 그를 믿으니라 (요 2:11)

연회장은 물로 된 포도주를 맛보고도 어디서 났는지 알지 못하되 물 떠온 하인들은 알더라 (요 2:9)

너희가 이를 행하여 나를 기념하라 하시고 이 잔(포도주 잔) 은
내 피로 세우는 새 언약이니 곧 너희를 위하여 붓는 것이라 (눅 22:19-20)

예수님의 첫 번째 기적은 물이 포도주가 되는 기적이었습니다. 그런데 이는 더 놀라운 기적, 마지막 유월절 첫 번째 성찬식 때의 '포도주'를 예고한, 이때를 준비한 기적이었다고 보아도 될 것입니다. 포도주로 예수님의 피를 상징하는 성찬을 놓고 초기교회 교부들은 많은 논쟁을 벌였습니다. 하지만, 성경 전체를 이해하는데 그들의 논쟁보다 중요한 사실은 예수님께서 기념하라고 주신 포도주가 예수님의 '보혈'을 상징한다는 것입니다. 예수님께서 포도주를 주시며 "이 잔은 내 피로 세우는 새 언약이니"(눅 22:20)라고 말씀하신 것은 가나 혼인 잔치의 기적과는 비교도 할 수 없는 기적, 상상을 능가하는 기적이며 가장 위대한 복의 상징입니다.

가나 혼인 잔치의 기적은 그곳에 모인 몇 사람만이 체험한 기적이었지만, 첫 번째 성찬식은 온 인류가 수천 년 역사 동안 모두 체험하고 있는 놀라운 기적의 시작입니다. 이를 통해 우리는 예수님의 보혈을 상징하는 포도주를 성찬식에서 마시면서 '그리스도인 됨의 풍요와 복'을 누리고 있습니다. 그리스도인에게로 하늘의 복이 이어지는 것입니다.

예수님께서 주신 포도나무 이야기는 경제 형편이 좋고 풍요한 삶을 누린다는 이야기에서 멈추지 않습니다. 그리스도인의 최고 풍요는 '예수님의 사람이 되는 것'입니다. 이를 명확하게 말씀해 주신 것이 포도나무 비유입니다. 예수님께서는 포도나무에 가지가 붙어 포도나무와 하나가 되는 것을 통해 그리스도인 됨을 정확히 말씀해 주셨습니다. "내 안에 거하라 나도 너희 안에 거하리라"(요 15:4)라는 말씀은, 예수님의 살과 피를 먹고 마신 그리스도인 안에 예수님께서 거하시므로 우리 그리스도인은 이를 늘 기념하면서 예수님 안에 거하라고 말씀하신 것입니다. 사도 바울은 이 말씀을 기반으로 "내가 사는 것이 아니요 오직 내 안에 그리스도께서 사시는 것이라"(갈 2:20)라고 고백했습니다. '그리스도인 선언'은 이처럼 위대한 성찬식에서 시작되었습니다.

그리스도인 - 하나님 나라 공직자

예수님께서 성찬식 때 말씀하신 '그리스도인' 선언에 들어 있는 또 하나의 의미는 '하나님 나라 공직자'입니다. 시내산 언약을 맺은 이스라엘에서는 백성들 가운데 레위인이 제사장 나라 공직자였습니다. 그런데 더 확대하면 20세 이상 싸움에 나갈 만한 사람들이 모두 제사장 나라를 책임 맡은 백성들이자 공직자라고 할 수 있습니다. 성찬식을 통해 예수님께서는 그리스도인이 하나님 나라 공직자라고 말씀하십니다.

예수님께서는 그토록 원하셨던 마지막 유월절 식사를 제자들과 함께하시고 첫 번째 성찬식을 베푸시면서 예수님을 파는 자의 손이 함께 상 위에 있다고 말씀하셨습니다. 그러자 제자들은 이 일을 행할 자가 누구인지 서로 물었습니다. 그러는 사이 제자들 간에 갑자기 누가 크냐 하는 다툼이 일어나게 되었습니다. 십자가 고난을 앞두신 예수님께서 서로 큰 자라고 다투는 제자들을 보시고 그 주제로 대화하는 것을 중단시키셨습니다. 그리고 예수님께서는 오히려 지난 3년 동안 공생애를 함께한 제자들이 예수님께 얼마나 소중한 사람인지 말씀하셨습니다.

"너희는 나의 모든 시험 중에 항상 나와 함께 한 자들인즉"(눅 22:28)

예수님의 제자들은 지난 3년 동안 예수님의 공생애 사역에 함께하며 '동지, 동행, 동역'했습니다. 그들은 예수님의 모든 공적인 자리에 함께 서 있어 주었고, 예수님의 모든 시험과 고난에 항상 함께했습니다. 그래서 예수님께서 "너희는 나의 모든 시험 중에 항상 나와 함께 한 자들인즉"(눅 22:28)이라는 놀라운 평가를 해주신 것입니다. 다시 말해 예수님께 제자들은 눈에 넣어도 아프지 않은 너무나도 소중하고 고마운 최고의 동역자요, 하나님 나라 공직자로 헌신한 이들이었습니다. 그러니 누가 크냐 하는 논쟁은 의미가 없다고 예수님께서 가르쳐주신 것입니다. 하나님 나라의 모든 공직자는 높고 낮음이 없고 각자 맡은 바 사명이 그들에게 있을 뿐입니다.

이 말씀에 이어 예수님께서는 제자들에게 더 놀라운 말씀을 해주셨습니다. 하나님께서 아들 예수님께 하나님 나라를 맡기셨던 것처럼 이제 예수님께서 제자들에게 하나님 나라를 맡기겠다고 선언하신 것입니다. 이는 '구원자'이신 예수님께서 '기름 부음을 받은 이, 곧 메시아(그리스도)'로 하나님 나라를 책임지셨던 것처럼, 예수님의 제자들이 앞으로 그리스도인으로 하나님 나라 공직자의 사명을 책임 맡으라는 말씀이었습니다.

"내 아버지께서 나라를 내게 맡기신 것 같이 나도 너희에게 맡겨
너희로 내 나라에 있어 내 상에서 먹고 마시며
또는 보좌에 앉아
이스라엘 열두 지파를 다스리게 하려 하노라"(눅 22:29-30)

일찍이 세례 요한은 "회개하라 천국이 가까이 왔느니라"(마 3:2)라고 하나님 나라를 소개했습니다. 이제 예수님께서 십자가를 지심으로 새 언약을 이루시고, 제사장 나라를 수렴해서 하나님 나라를 완성하실 것입니다. 그렇게 완성하신 하나님 나라를 제자들에게 맡긴다고 말씀하신 것입니다. 나라를 맡긴다는 이야기는 나라의 공직자로 삼으신다는 뜻입니다. 특정한 몇몇 사람이 아니라 예수님의 살과 피를 먹고 마시는 모든 사람이 '그리스도인'이 되어 하나님 나라 공직자가 되는 것입니다. 예수님의 살과 피를 먹고 마시는 사람들이 나라를 맡아서 일할 때 역할 분담은 있을 수 있겠지만 높고 낮음의 차이는 없습니다. 예수님께서 예수님의 살과 피를 먹

고 마시는 사람들 모두가 그리스도인으로서 하나님 나라의 공직자가 된다고 선언하신 것입니다.

이어서 예수님께서는 제자들에게 그들이 예수님과 함께 하나님 나라에서 먹고 마시며 보좌에 앉아 이스라엘 열두 지파를 다스리게 하실 것을 말씀하셨습니다. 이 말씀은 예수님께서 먼저 본을 보이시며 하나님의 말씀에 끝까지 순종하심으로 십자가 사역을 완성하시고 '이기는 이'로 하나님 보좌 우편에 앉아 통치하시는 것처럼, 예수님의 열두 제자도 하나님 나라를 위해 끝까지 순종하며 죽기까지 복음을 전해 '이기는 이'가 되라는 말씀이었습니다. 그러면 '이기는 이' 곧 최후 승리한 이들에게는 예수님의 보좌에 함께 앉게 하여 주기를 예수님께서 이기시고 하나님 보좌에 함께 앉은 것처럼 해주시겠다고 하셨습니다.

"이기는 그에게는 내가 내 보좌에 함께 앉게 하여 주기를
내가 이기고 아버지 보좌에 함께 앉은 것과 같이 하리라"(계 3:21)

이후에 사도 요한은 밧모섬으로 찾아오신 예수님을 만나고 다음과 같이 증언했습니다.

"그의 아버지 하나님을 위하여

예수님의 성찬식 선언 3가지 - 관유에서 보혈로

우리를 나라와 제사장으로 삼으신 그에게

영광과 능력이 세세토록 있기를 원하노라 아멘"(계 1:6)

우리를 '나라와 제사장으로 삼으셨다'라는 말씀은 '나라'라는 공적 개념을 이해하지 못한다면 알 수 없습니다. 하나님께서는 이처럼 위대한 복의 말씀을 성경에 기록하여 우리에게 선물로 주셨습니다.

그렇다면 하나님 나라의 공직자인 '그리스도인'은 어떤 사람이며 언제까지 공직을 감당해야 할까요? 여기에 대해 예수님께서는 '그리스도인'은 예수님의 재림을 기다리면서 지상명령을 수행하는 사람이며 그에게 영생을 주셨다고 말씀하셨습니다.

"아버지께서 아들에게 주신 모든 사람에게 영생을 주게 하시려고

만민을 다스리는 권세를 아들에게 주셨음이로소이다

영생은 곧 유일하신 참 하나님과

그가 보내신 자 예수 그리스도를 아는 것이니이다"(요 17:2-3)

"그러므로 너희는 가서 모든 민족을 제자로 삼아

아버지와 아들과 성령의 이름으로 세례를 베풀고

내가 너희에게 분부한 모든 것을 가르쳐 지키게 하라

From the sacred anointing oil to the precious blood of Jesus

· 예수님은 첫 번째 성찬식 때 그리스도인이 주님 안에 거하면 무엇이든지 구하여 이루어진다고 말씀하셨다.

그가 내 안에 내가 그 안에 거하면 사람이 열매를 많이 맺나니 나를 떠나서는 너희가 아무 것도 할 수 없음이라(요 15:5)

너희가 내 안에 거하고 내 말이 너희 안에 거하면 무엇이든지 원하는 대로 구하라 그리하면 이루리라(요 15:7)

제사장 나라　제사장을 통해 용서

하나님 나라　그리스도인이 왕 같은 제사장이 되어 직접 용서를 구함

볼지어다 내가 세상 끝날까지

너희와 항상 함께 있으리라 하시니라"(마 28:19-20)

"이르되 갈릴리 사람들아 어찌하여 서서 하늘을 쳐다보느냐

너희 가운데서 하늘로 올려지신 이 예수는

하늘로 가심을 본 그대로 오시리라 하였느니라"(행 1:11)

'영생'은 하나님께서 그의 아들 예수 그리스도를 통해서 그리스도인에게 주신 선물입니다. 살아 계신 하나님과 예수 그리스도를 아는 것이 곧 영생입니다.

그리스도인 - 무엇이든지 원하는 대로

예수님께서는 첫 번째 성찬식 때 그리스도인이 주님 안에 거하면 무엇이든지 구하면 이루어진다고 말씀하셨습니다.

"나는 포도나무요 너희는 가지라

그가 내 안에, 내가 그 안에 거하면 사람이 열매를 많이 맺나니

나를 떠나서는 너희가 아무 것도 할 수 없음이라"(요 15:5)

예수님 안에 거하면 열매를 많이 맺을 수 있고, 예수님을 떠나면 아무것도 할 수 없는 사람이 그리스도인입니다. '그가 내 안에, 내가 그 안에 거하면…'이라는 조건은 다음의 내용을 약속해 주신다는 것입니다.

"너희가 내 안에 거하고 내 말이 너희 안에 거하면
무엇이든지 원하는 대로 구하라 그리하면 이루리라"(요 15:7)

예수님께서 "나를 떠나서는 너희가 아무 것도 할 수 없음이라"라고 하심은 가지가 포도나무를 떠나서는 살 수 없음을 말씀하신 것입니다. 이는 그리스도인의 정체성을 말씀하신 것입니다. 그리스도인은 예수님 안에 거하는 사람이고, 예수님의 말씀 속에서 사는 사람입니다. 이 말씀은 우리가 왜 '사복음서'를 공부해야 하는지 알려주시는 말씀입니다.

'사복음서'에는 예수님의 말씀이 많습니다. 특히 예수님께서는 '기록된 바(It is written)'라는 말씀을 사용하시면서 구약성경을 많이 인용하셨습니다. 그래서 '내 말' 즉 사복음서에 기록된 예수님의 말씀을 제대로 이해하려면 먼저 'To the Cross'(십자가로 가는 길)인 구약성경 39권을 공부하고, 그 위에 사복음서를 공부하고, 그렇게 예수님의 사람이 되면 'From the Cross'(십자가로부터 나온 길)인 그리스도인의 삶을 살 수 있게 됩니다. 그때 우리는 예수님 안에 거하게 되고, 예수님의 말씀이 우리 안에 거하게 됩니다. 그러면 무엇이든지 우리가 원하는 대로 구할 수 있고 이루어지게 됩니다. 이것이 예수님께서 그리스도인에게 주신 약속입니다.

'무엇이든지 원하는 대로'라는 말씀은 인간이 책정할(측정할) 수 있는 범위의 한계가 없다는 것입니다. 제한되어 있지 않습니다. 제사장 나라에서는 제사장의 도움을 받아 제사를 드림으로 용서를 구할 수 있었습니다. 따라서 제사장은 공직자의 엄중한 책임을 맡아 수행하는 직분자인 동시에 축복의 통로였습니다. 그러나 하나님 나라에서는 '그리스도인'이 나라와 제사장이 되어 하나님의 용서를 직접 구할 수 있고, 무엇이든지 원하는 대로 구할 수 있습니다. 모든 그리스도인이 위대한 복의 통로가 된 것입니다.

그리스도인은 '무엇이든지 원하는 대로' 구하여 열매를 많이 맺음으로 하나님께 영광을 돌리는 삶을 살아야 합니다. 그리스도인의 기도와 하나님의 영광은 떼려야 뗄 수 없습니다.

"너희가 열매를 많이 맺으면 내 아버지께서 영광을 받으실 것이요
너희는 내 제자가 되리라"(요 15:8)

예수님의 제자요 친구인 포도나무 가지 된 그리스도인은 오직 예수님의 살과 피로 이루신 십자가 대속을 믿고, 떡(빵)과 포도주를 먹고 마시는 성

찬식에 참여하여 "나를 기념하라"라고 하신 예수님의 뜻을 따라야 합니다. 성찬식은 예수님께서 우리 안에 거하시고 예수님의 말씀이 우리 안에 거함을 고백하면서 평생을 기념하며 지키는, 그리스도인에게 가장 소중한 예식입니다.

SACRED ANOINTING OIL THE PRECIOUS BLOOD JESUS 3

예수님은 첫 번째 성찬식 때
'보혜사 성령의 임재를 선언'하셨다

예수님께서는 '마지막 유월절 첫 번째 성찬식' 때 아버지께 간구하여 '보혜사 성령님'을 보내 영원토록 너희와 함께 있게 할 것이라고 선언하셨습니다.

"내가 아버지께 구하겠으니 그가 또 다른 보혜사를 너희에게 주사
영원토록 너희와 함께 있게 하리니"(요 14:16)

보혜사 성령님을 통한 임마누엘

'보혜사(保惠師)'를 뜻하는 헬라어는 '파라클레토스(παράκλητος, 곁으로 오도록 부름 받은 이)'로서 이는 '성령님'을 가리킵니다. 이는 위로자, 대언자, 중

· 예수님은 첫 번째 성찬식 때 내가 아버지께 간구하여 보혜사 성령님을 보내
영원토록 너희와 함께 있게 할 것이라고 선언하셨다.

세례받으실 때

예수께서 세례를 받으시고 곧 물에서 올라오실새 하늘이 열리고
하나님의 성령이 비둘기 같이 내려 자기 위에 임하심을 보시더니 (마 3:16)

광야 시험을 받으실 때

그 때에 예수께서 성령에게 이끌리어 마귀에게 시험을 받으러 광야로 가사 (마 4:1)

보자, 조력자 등을 의미합니다. 사실 예수님께서는 공생애 3년 동안 성령님과 함께하셨습니다.

세례 요한에게 세례를 받으실 때 성령님께서 함께하셨습니다.

"예수께서 세례를 받으시고 곧 물에서 올라오실새
하늘이 열리고 하나님의 성령이 비둘기 같이 내려
자기 위에 임하심을 보시더니"(마 3:16)

그리고 광야에서 시험을 받으실 때 성령님께서 함께하셨습니다.

"그 때에 예수께서 성령에게 이끌리어
마귀에게 시험을 받으러 광야로 가사"(마 4:1)

예수님의 공적 사역은 성령님과 동행하신 사역이었습니다. 그러나 마지막 유월절 첫 번째 성찬식 때 예수님께서 성령님에 대해 말씀하실 때까지도 보혜사 성령님께서는 아직 제자들과 함께하지 않으셨습니다. 예수님께서는 제자들에게 보혜사 성령님을 보내 영원토록 함께 있게 하시겠다는 약속을 주셨습니다. "하나님이 우리와 함께 계시다(God with us)"라는 임마누엘은 예수님이십니다. 임마누엘 예수님께서 이제 성령님과 함께하도록 하신 것입니다.

보혜사 성령님의 임재 시점과 장소

보혜사 성령님께서는 '예수님께서 십자가 고난을 받으시고, 죽으시고, 부활하시고, 승천하신 후 예수님께서 하나님 우편에서 하나님께 간구하시면, 그때 제자들에게 임하실 것입니다. 그래서 예수님께서는 "내가 아직 너희와 함께 있어서 이 말을 너희에게 하였거니와"(요 14:25)라고 말씀하셨습니다. 예수님께서 공적 사역을 모두 마치신 후 하나님께서 예수님의 이름으로 보혜사 성령님을 보내실 것이라는 사실이 중요한 포인트입니다.

"내가 너희에게 실상을 말하노니
내가 떠나가는 것이 너희에게 유익이라
내가 떠나가지 아니하면
보혜사가 너희에게로 오시지 아니할 것이요
가면 내가 그를 너희에게로 보내리니"(요 16:7)

성령님께서 언제 임재하시는지는 모호하지 않습니다. 성령님께서 임재하시는 시점은 예수님께서 부활하시고, 40일 동안 이 땅에 계시면서 지상명령을 말씀하시고 승천하신 후입니다. 예수님께서는 첫 번째 성찬식 때 보

· 예수님은 첫 번째 성찬식 때 보혜사 성령님이 예수님의 부활 승천 후
그리스도인들에게 임재하실 것이라고 선언하셨다.

성령님이 임재하시는 시점 예수님의 부활 승천 후

성령님이 임재하시는 장소 그리스도인 (cf. 하나님의 영광이 성막과 성전에 임재)

그러나 내가 너희에게 실상을 말하노니 내가 떠나가는 것이 너희에게 유익이라
내가 떠나가지 아니하면 보혜사가 너희에게로 오시지 아니할 것이요 가면 내가 그를 너희에게로 보내리니 (요 16:7)

혜사 성령님께서 언제 오시는지 이처럼 명확하게 말씀해 주셨습니다. 그래서 예수님께서 '떠나는 것이 유익'이라고 말씀하신 것입니다. 예수님께서는 예수님이 떠나고 '너희에게로' 보혜사 성령님께서 오신다고 말씀하심으로 시간과 공간 세팅을 해주셨습니다.

그렇다면 성령님께서는 어디로 임재하십니까? 성령님의 임재 장소는 '그리스도인'입니다. 구약의 제사장 나라에서 하나님의 영광은 '성막과 성전'에 임재했습니다. 모세 때 하나님께서 주신 설계도대로 브살렐과 오홀리압과 이다말을 비롯해 수많은 사람이 협력하여 성막을 제작했습니다. 성막 제작을 마무리하고 모세의 최종 점검까지 끝났습니다. 그리고 성막 안에 언약궤를 비롯해 모든 기구를 제자리에 두고 성막과 제단 주위 뜰에 포장을 치고 뜰 문에 휘장까지 모두 달아내고 공사를 마무리하고 성막을 봉헌했습니다. 그때 구름이 성막에 덮이고 하나님의 영광이 성막에 충만했습니다. 하나님께서 그렇게 '하나님의 임재'를 보여주셨습니다.

성막 봉헌식을 거행하면서 하나님의 영광이 임하시는 것을 이스라엘 온 백성이 체험했습니다. 이후 이스라엘 백성은 제사장 위임식 여덟째 날 이루어진 대제사장 아론의 첫 제사 때 하나님의 영광이 임재함을 또다시 체험했습니다.

"아론이 백성을 향하여 손을 들어 축복함으로

속죄제와 번제와 화목제를 마치고 내려오니라

모세와 아론이 회막에 들어갔다가 나와서 백성에게 축복하매

여호와의 영광이 온 백성에게 나타나며

불이 여호와 앞에서 나와 제단 위의 번제물과 기름을 사른지라

온 백성이 이를 보고 소리 지르며 엎드렸더라"(레 9:22-24)

그리고 솔로몬 때 하나님의 영광이 새로 건축한 예루살렘 성전에 임재했습니다. 성전에 언약궤를 안치할 때는 구름으로, 성전 봉헌식 때에는 불로 하나님의 영광이 임재함을 모두가 체험했습니다.

"제사장이 성소에서 나올 때에 구름이 여호와의 성전에 가득하매

제사장이 그 구름으로 말미암아 능히 서서 섬기지 못하였으니

이는 여호와의 영광이 여호와의 성전에 가득함이었더라"(왕상 8:10-11)

"솔로몬이 기도를 마치매 불이 하늘에서부터 내려와서

그 번제물과 제물들을 사르고 여호와의 영광이 그 성전에 가득하니

여호와의 영광이 여호와의 전에 가득하므로

제사장들이 여호와의 전으로 능히 들어가지 못하였고"(대하 7:1-2)

북이스라엘의 여로보암이 벧엘과 단에 제단을 만들어 제사하고 분향했을 때 그곳에는 하나님께서 임재하시지 않았습니다. 이것이 하나님께서 정하신 제사장 나라 법이었습니다. '임재(臨在)'라는 말은 오셔서 거하심을 뜻합니다. 구약성경에 기록된 하나님의 임재에 관한 모든 이야기는 성령님의 임재를 이해하는 데 큰 도움이 됩니다.

그 바탕 위에 예수님께서 이 땅에 오셔서 공생애 3년 동안 사역하시고, 십자가를 앞두시고 첫 번째 성찬식 때 보혜사 성령님의 임재를 가르쳐주셨습니다. 성령님께서 땅의 공간이 아닌 그리스도인에게 임재하신다는 것은 정말 놀랍고 위대한 예수님의 선언입니다.

보혜사 성령님이 오셔서 하실 일

예수님께서 마지막 유월절 첫 번째 성찬식을 통해 말씀하신 위대한 선언들은 결국 십자가와 떼려야 뗄 수 없는 선언입니다. 진리의 성령님께서 오셔서 하시는 일은 예수님께서 십자가에 오르셔서 못 박히시고 살이 찢기심으로 우리가 나음을 입었음을 '증언'해 주시는 것입니다. 산헤드린 공회의 대제사장 세력들은 십자가에 달리신 예수님께 내려오라고 조롱하였습니다. 그들의 눈에는 나사렛 예수가 메시아로 주장하다가 십자가에 달린 것으로밖에 보이지 않았을 것입니다. 그러나 메시아의 진정한 사역은 십자가였습니다. 그 사실을 증언해 주시는 분이 바로 성령님입니다. 성령님의 인도하심은 곧 이를 알게 해주시는 것입니다.

'성령님의 기름 부음'이라는 말은 백 번, 천 번 반복해도 모두 좋아합니다. 성령님의 기름 부음, 성령님의 인도하심을 간구하며 주여, 주여 하고 기도하면 성령님께서 환상적으로 임하시는 것 같습니다. 그러나 이것이 먼저가 되어서는 안 됩니다. 성령님께서 언제 어떻게 오셨는지, 오셔서 무슨 일을 하시는지 성경의 기록대로 먼저 아는 것이 중요합니다.

'성령님의 사역'에 관한 공부는 오순절 성령강림 사건의 현상부터 공부하기보다 '마지막 유월절 첫 번째 성찬식' 때 말씀하신 예수님의 선언으로부터 성령님의 사역을 배우고 알아야 합니다. 예수님의 선언 속에서 성령님의 임재가 출발하기 때문입니다.

예수님께서는 첫 번째 성찬식 때 성령님이 오셔서 하실 일을 미리 말씀해 주셨습니다.

첫째, 보혜사 성령님께서는 예수님께서 말씀하신 모든 것을 가르치고 생각나게 하십니다.

"보혜사 곧 아버지께서 내 이름으로 보내실 성령

그가 너희에게 모든 것을 가르치고

내가 너희에게 말한 모든 것을 생각나게 하리라"(요 14:26)

성령님께서는 예수님의 탄생, 3년 공생애, 십자가, 부활, 지상명령 등 모든 것을 가르치시고 생각나게 하실 것입니다. 예수님께서 제자들에게 성령님에 대해 이처럼 미리 말씀해 주신 이유는, 당시 예수님을 핍박하는 산헤드린 공회가 예수님을 십자가에 못 박아 죽게 한 이후에는 제자들을 핍박하여 하나님 나라 사역을 방해할 것이기 때문입니다. 그뿐만 아니라 예수님과 제자들을 핍박하는 일이 하나님의 일이라고까지 주장하는 산헤드린 공회 유대교 유대인들은 제자들이 증거하는 예수님 이야기를 절대 믿지 않을 것이기 때문입니다.

그러나 예수님의 제자들에게는 복음 전파를 방해하는 산헤드린 공회와 그들을 따르는 세력을 뚫고 예루살렘과 온 유대와 사마리아와 땅끝까지 예수님을 증거해야 할 사명이 있습니다. 그래서 예수님께서 제자들이 성령님의 도우심으로 사명을 잘 감당하도록 미리 성령님에 관해 자세히 가르쳐주신 것입니다. 앞으로 예수님의 제자들은 산헤드린 공회 재판을 통해 유대교에서 출교를 당할 것입니다. 그리고 '예수 이름'을 지키기 위해 순교할 것입니다. 이는 그리스도인들을 핍박했던 사도 바울의 고백을 통해 알 수 있습니다.

"내가 이전에 유대교에 있을 때에 행한 일을 너희가 들었거니와
하나님의 교회를 심히 박해하여 멸하고
내가 내 동족 중 여러 연갑자보다 유대교를 지나치게 믿어
내 조상의 전통에 대하여 더욱 열심이 있었으나"(갈 1:13-14)

"나도 나사렛 예수의 이름을 대적하여
많은 일을 행하여야 될 줄 스스로 생각하고
예루살렘에서 이런 일을 행하여
대제사장들에게서 권한을 받아 가지고
많은 성도를 옥에 가두며 또 죽일 때에 내가 찬성 투표를 하였고
또 모든 회당에서 여러 번 형벌하여
강제로 모독하는 말을 하게 하고 그들에 대하여 심히 격분하여
외국 성에까지 가서 박해하였고"(행 26:9-11)

예수님께서 제자들에게 고난을 예고하시며 성령님을 소개해 주시자, 제
자들은 두려워 주님은 어디로 가시는지 차마 여쭙지도 못합니다(요 16:5-
6). 그러자 예수님께서는 또다시 보혜사 성령님이 오실 것을 약속해 주시
며 제자들을 위로해 주셨습니다. 그리고 성령님이 오셔서 죄에 대하여,

의에 대하여, 심판에 대하여 세상을 책망하실 것을 말씀해 주십니다.

성령님께서 하시는 일은 다음과 같습니다.

성령님께서는 불신앙의 죄를 깨닫게 하십니다.

"죄에 대하여라 함은 그들이 나를 믿지 아니함이요"(요 16:9)

성령님께서는 진정한 의로 그리스도의 의를 밝히십니다.

"의에 대하여라 함은 내가 아버지께로 가니
너희가 다시 나를 보지 못함이요"(요 16:10)

성령님께서는 그리스도를 반대하는 사람들이 하나님의 심판을 받게 된다
는 사실을 밝히십니다.

"심판에 대하여라 함은 이 세상 임금이 심판을 받았음이라"(요 16:11)

그러므로 이후에 이와 같은 성령님의 역사로 말미암아 사람들이 회개하
게 될 것입니다.

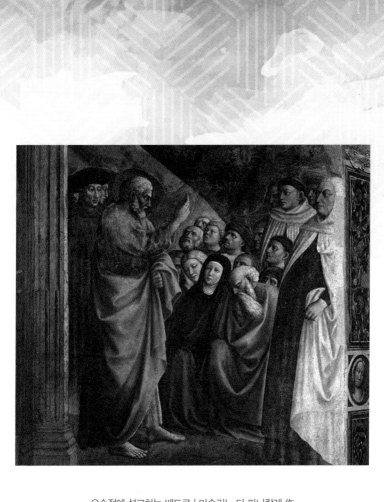

오순절에 설교하는 베드로 | 마솔리노 다 파니칼레 作

"그들이 이 말을 듣고 마음에 찔려

베드로와 다른 사도들에게 물어 이르되

형제들아 우리가 어찌할꼬 하거늘

베드로가 이르되 너희가 회개하여 각각 예수 그리스도의 이름으로

세례를 받고 죄 사함을 받으라 그리하면 성령의 선물을 받으리니

이 약속은 너희와 너희 자녀와 모든 먼 데 사람 곧 주 우리 하나님이

얼마든지 부르시는 자들에게 하신 것이라"(행 2:37-39)

예수님께서는 이렇게 성령님께서 예수님의 사역을 이어받아 인도하실 것을 제자들에게 말씀하시며 격려해 주셨습니다.

둘째, 보혜사 성령님께서는 모든 그리스도인을 진리 가운데 인도하십니다.

"내가 아직도 너희에게 이를 것이 많으나

지금은 너희가 감당하지 못하리라

그러나 진리의 성령이 오시면

그가 너희를 모든 진리 가운데로 인도하시리니

그가 스스로 말하지 않고 오직 들은 것을 말하며

장래 일을 너희에게 알리시리라"(요 16:12-13)

예수님께서는 "내가 곧 길이요 진리요 생명이니 나로 말미암지 않고는 아버지께로 올 자가 없느니라"(요 14:6)라고 선언하셨습니다. 보혜사 성령님께서 길과 진리와 생명 되신 예수님처럼 살아가도록 우리를 인도하실 것입니다. 진리의 성령님께서 우리를 진리 가운데 살도록 이끄실 것입니다.

셋째, 보혜사 성령님께서는 예수님을 증언하시며 예수님의 영광을 나타내십니다.

"그가 내 영광을 나타내리니
내 것을 가지고 너희에게 알리시겠음이라
무릇 아버지께 있는 것은 다 내 것이라
그러므로 내가 말하기를 그가 내 것을 가지고
너희에게 알리시리라 하였노라"(요 16:14-15)

예수님께서는 예수님이 하나님의 영광을 나타내셨듯이 성령님께서 예수님의 영광을 나타내실 것이라고 말씀하셨습니다. 그러나 아직은 성령님의 때가 아닙니다. 성령님께서는 성자 예수님께서 십자가에서 고난당하시고 부활, 승천하신 후에 오실 것입니다.

"이는 그를 믿는 자들이 받을 성령을 가리켜 말씀하신 것이라

성령 강림 | 안토니 반 다이크 作

(예수께서 아직 영광을 받지 않으셨으므로

성령이 아직 그들에게 계시지 아니하시더라)"(요 7:39)

보혜사 성령님께서는 오셔서 예수님의 의(義)의 행동들, 즉 '첫 번째 성찬식, 겟세마네 동산에서의 기도, 산헤드린 공회 재판, 빌라도 재판, 십자가 단번 제사, 부활, 승천까지' 모든 이야기를 증언하실 것입니다. 이로써 예수님의 영광을 높이며 예수님의 의(義)를 나타내실 것입니다. 성령님께서는 예수님의 사역을 있는 그대로 정확하게 옮기십니다. 그리고 우리가 예수님의 사역을 제대로 증언하도록 이끄십니다. 그래서 예수님의 영광이 드러나게 하십니다. 성령님께서 임하시면 우리가 기뻐 춤을 추며 환호함도 있겠지만, 성령님께서는 그보다 우리가 예수님의 사역을 정확히 증언하는 것을 더욱 기뻐하십니다.

그리고 성령님께서는 예수님의 영광을 드러내시고, 예수님을 높이십니다. 십자가를 지신 위대하신 예수님의 사역을, 예수님의 영광을 성령님께서 드러내십니다.

한편, 예수님께서 보내겠다고 약속하신 성령님은 예수님께서 승천하신 후 얼마 못 되어, 즉 유월절 이후 50일이 지난 오순절에 마가의 다락방에 모여 있던 120명에게 임하셨습니다.

"오순절 날이 이미 이르매 그들이 다같이 한 곳에 모였더니

홀연히 하늘로부터 급하고 강한 바람 같은 소리가 있어

그들이 앉은 온 집에 가득하며

마치 불의 혀처럼 갈라지는 것들이 그들에게 보여

각 사람 위에 하나씩 임하여 있더니

그들이 다 성령의 충만함을 받고 성령이 말하게 하심을 따라

다른 언어들로 말하기를 시작하니라"(행 2:1-4)

성령님께서 예루살렘 성전이 아닌 마가의 다락방 제자들에게 임하신 이유는 예수님께서 갈보리 십자가에서 "다 이루었다"라고 말씀하실 때 예루살렘 성전 휘장이 위에서 아래로 찢어지면서 예루살렘 건물 성전의 기능이 종료되었기 때문입니다. 이는 구약성경 〈이사야〉와 〈요엘〉의 말씀이 성취된 것입니다.

"마침내 위에서부터 영을 우리에게 부어 주시리니

광야가 아름다운 밭이 되며

아름다운 밭을 숲으로 여기게 되리라"(사 32:15)

"그 후에 내가 내 영을 만민에게 부어 주리니

너희 자녀들이 장래 일을 말할 것이며

예수님의 성찬식 선언 3가지 - 관유에서 보혈로

너희 늙은이는 꿈을 꾸며 너희 젊은이는 이상을 볼 것이며

그 때에 내가 또 내 영을 남종과 여종에게 부어 줄 것이며

내가 이적을 하늘과 땅에 베풀리니

곧 피와 불과 연기 기둥이라"(욜 2:28-30)

오순절 마가의 다락방에 성령님께서 강림하시자 디아스포라 유대인들이 모두 놀랍니다. 이는 당시 로마 전역에 흩어져 살고 있던 디아스포라 유대인들과 유대교로 개종한 이방인들이 오순절을 지키기 위해 예루살렘으로 다 모이던 때라 그 파장이 더욱 커졌던 것입니다.

"다 놀라며 당황하여 서로 이르되 이 어찌 된 일이냐 하며

또 어떤 이들은 조롱하여 이르되

그들이 새 술에 취하였다 하더라"(행 2:12-13)

그때 예루살렘에 모였던 디아스포라 유대인들과 이방인들은 성령님으로 가득한 하나님의 사람들을 처음 보았고, 기이한 광경에 너무 놀라 어떤 이들은 그들이 새 술에 취한 것이라고 말했습니다. 그때 그들이 성령님이 말하게 하심을 따라 다른 언어들로 말한 방언의 내용은 이후에 기록된 베드로의 메시지와 같은 내용으로 예수님의 구원 사역, 즉 하나님의 큰일에 대한 증언이었습니다(행 2:11).

"베드로가 열한 사도와 함께 서서 소리를 높여 이르되

유대인들과 예루살렘에 사는 모든 사람들아

이 일을 너희로 알게 할 것이니 내 말에 귀를 기울이라

때가 제 삼 시니 너희 생각과 같이

이 사람들이 취한 것이 아니라"(행 2:14-15)

예수님께서 친히 가르쳐주신 그 깊은 성령님의 임재 이야기를 오순절 성령강림 때에 일어난 현상에 머물러 '이것이 성령님이다' 라고 말하면 안 됩니다. 성령님 이야기는 성령님께서 오시기 전에 본격적으로 예수님께서 가르쳐주신 첫 번째 성찬식 때의 선언부터 설명해야 합니다.

epilogue

성찬식의 감격이
지상명령의 사명으로

첫 번째 성찬식은 인류 최고의 '은혜' 매뉴얼 그 자체입니다.

하나님께서 하나님의 형상을 닮은 우리에게 주신 인류 최고의 매뉴얼은 창조주 하나님의 '천지창조 7일'입니다. 이를 능가할 매뉴얼은 없었습니다. 하나님께서는 6일 동안 온 우주 만물을 창조하시고 7일째 되는 날 안식하시며 그날을 복 주셨습니다. 그리고 그 일곱째 날을 거룩하게 하셨습니다. 이후 하나님께서는 '모든 민족'에게 복 주시기 위해 제사장 나라를 세우시며 제사장 나라 법으로 모든 사람이 하나님께서 주신 '일주일 단위' 매뉴얼로 살게 하셨습니다. 즉 6일 동안 열심히 일하고 일곱째 날은 안식하며 쉬게 하신 것입니다.

예수님의 성찬식 선언 3가지 - 관유에서 보혈로

안식일에 쉬는 매뉴얼은 하나님과 제사장 나라 언약을 맺은 이스라엘 백성뿐 아니라, 종과 나그네 그리고 모든 가축에까지 적용되었습니다. 하나님께서 안식일을 제사장 나라 법으로 강력하고 확실하게 정해주셨기 때문입니다.

"네 하나님 여호와가 네게 명령한 대로 안식일을 지켜 거룩하게 하라

엿새 동안은 힘써 네 모든 일을 행할 것이나

일곱째 날은 네 하나님 여호와의 안식일인즉

너나 네 아들이나 네 딸이나 네 남종이나 네 여종이나

네 소나 네 나귀나 네 모든 가축이나

네 문 안에 유하는 객이라도 아무 일도 하지 못하게 하고

네 남종이나 네 여종에게 너 같이 안식하게 할지니라"(신 5:12-14)

그런데 천지창조의 일주일 매뉴얼을 능가할 만한 진정한 인류 최고의 매뉴얼은 떡(빵)과 포도주로 주님의 살과 피를 기념하는 '성찬식'입니다. 예수님께서는 제사장 나라 5대 제사를 '십자가 단번 제사'로 바꾸셨고, 단번 제사를 기념할 수 있도록 성찬식 매뉴얼을 주셨습니다. 예수님께서는 떡(빵)과 포도주로 예수님의 살과 피를 기념하는 성찬식 매뉴얼을 만드셔서

2,000년 동안 수많은 사람과 앞으로 오고 오는 사람들이 이 매뉴얼을 가지고 예수님의 십자가를 기념하게 하셨습니다. 그래서 우리는 성찬식을 행하면서 하나님 나라의 그리스도인으로서 놀라운 감격을 맛봅니다.

예수님께서 제자들과 함께한 첫 번째 성찬식은 이후 그리스도인들의 기념과 증언으로 이어집니다. 그리스도인들은 떡(빵)과 포도주로 예수님의 죽으심을 기념하면서 모든 민족을 향해 십자가에서 흘리신 주님의 보혈을 증언했습니다.

사도 베드로는 예수님께서 흘리신 어린양의 보배로운 피로 우리가 구속받았음을 증언했습니다.

"오직 흠 없고 점 없는 어린 양 같은
그리스도의 보배로운 피로 된 것이니라"(벧전 1:19)

야고보의 동생 요한은 예수님의 열두 제자들 가운데 가장 나이가 어렸습니다. 그런데 세월이 많이 흘러 예수님의 제자들을 비롯한 복음 1세대가 대부분 순교한 후 요한만은 늦게까지 살아남아 복음 2세대를 돌보고 책임지는 교회의 어른이 됩니다. 그때 사도 요한은 이미 기록된 예수님에 대한 증언인 마태, 마가, 누가복음을 읽고 난 후 성령님의 도우심으로 자신 또한 예수님에 대한 증언을 남기고자 앞서 언급한 대로 〈요한복음〉을 비롯한 〈요한일 · 이 · 삼서〉 그리고 〈요한계시록〉 다섯 권의 책을 기록했습니다. 그중에서도 〈요한복음〉에 예수님의 마지막 일주일에 관한 매우 중요한 자료들을 많이 제공했습니다. 예를 들면 예수님께서 산헤드린 공회에 잡히시기 전에 제자들과 마지막 유월절을 첫 번째 성찬식으로 지키시면서 하셨던 말씀을 최대한 많이 증언했습니다.

또한 사도 요한은 '예수님의 피'를 증언했습니다.

"그가 빛 가운데 계신 것 같이 우리도 빛 가운데 행하면
우리가 서로 사귐이 있고 그 아들 예수의 피가
우리를 모든 죄에서 깨끗하게 하실 것이요"(요일 1:7)

"우리를 사랑하사 그의 피로 우리 죄에서 우리를 해방하시고"(계 1:5)

사도 바울은 로마 교회 성도들에게 세례를, 그리고 고린도 교회 성도들

에게 성찬을 가르쳐주며 증언했습니다. 바울이 세례와 성찬식을 사랑하는 성도들에게 가르쳐준 이유는 예수님께서 세례와 성찬식을 제정하시고 예수님의 사람, 즉 그리스도인이 된 우리에게 주셨기 때문입니다. 세례는 물로, 성찬식은 떡(빵)과 포도주로 행하는 성례입니다. 그러므로 우리는 예수님께서 친히 우리에게 주신 성례를 명확하게 알고 이를 행해야 합니다.

하나님의 은혜, 하나님의 사랑, 하나님의 복, 이 모든 것을 묶으면 '하나님의 말씀'이 됩니다. 앞서 설명했듯이 '보이지 않는 말씀'은 성경에 기록된 말씀입니다. 사실 처음에는 입으로 구전되는 하나님의 말씀은 있었지만, 성경 기록은 없었습니다. 하나님의 말씀을 기록으로 남긴 것이 성경입니다. 그래서 성경 기록은 '보이지 않는 말씀'입니다.

그리고 '보이는 말씀'은 세례와 성찬입니다. 세례는 말만으로는 안 됩니다. 세례는 물이 꼭 필요합니다. 물을 사용해서 세례를 받는 이의 머리에 물을 뿌리든지, 아니면 세례를 받는 이의 온몸을 물에 적시든 그것은 때에 따라 다를 수 있습니다. 그러나 본질적으로 나의 죄를 씻고 하나님의 자녀가 되는 삶을 살기 시작한다는 상징으로 물을 사용하여 세례식을 행합니다.

예수님께서는 공생애를 시작하실 때 세례로 시작하셨고, 우리에게 이를 계속 이어가도록 명령하셨습니다(마 28:19). 그러므로 우리는 세례를 바꿀 수도, 폐기할 수도 없습니다. 반드시 세례를 행하며 예수님의 말씀을 따라야 합니다.

또한, 예수님께서는 성찬식을 친히 제정해 주셨습니다. 떡(빵)과 포도주가 없으면 성찬식을 행할 수 없습니다. 그리스도인들이 함께 떡(빵)을 먹고 포도주를 마시며 예수님의 십자가를 기념하는 성찬식을 행하는 것은 하나님께서 정하신 은혜 그 자체입니다.

하나님의 은혜인 보이는 말씀 두 가지, 세례와 성찬식은 우리 그리스도인이 반드시 지켜야 할 거룩한 예식, 성례입니다. 그리고 우리는 세례와 성찬식에 관하여 성경 기록에 근거해 반드시 정확하게 알아야 합니다. 성경을 통해서 세례와 성찬식의 뜻을 바로 알고 그 기반 위에 믿음의 근거를 두고, 소망하며, 사랑의 내용으로 삼으면 그것이 결국 하나님께서 기뻐하시는 그리스도인의 삶이 됩니다. 우리가 세례와 성찬식이라는 두 개의 성례를 정확히 이해할 때 '아, 하나님의 은혜가, 하나님의 말씀이 우리에게 지금 보이는구나!' 하고 감격할 수 있습니다.

바울은 예수님께서 물을 가지고 주신 은혜의 말씀인 세례와, 떡(빵)과 포도주를 주신 은혜의 말씀인 성찬식을 정확하게 알고 성도들에게 이를 가르쳤습니다. 바울이 로마 교회 성도들에게 가르쳐준 '세례'에 대해 조금 더 깊게 살펴보겠습니다.

"무릇 그리스도 예수와 합하여 세례를 받은 우리는

그의 죽으심과 합하여 세례를 받은 줄을 알지 못하느냐

그러므로 우리가 그의 죽으심과 합하여 세례를 받음으로

그와 함께 장사되었나니 이는 아버지의 영광으로 말미암아

그리스도를 죽은 자 가운데서 살리심과 같이

우리로 또한 새 생명 가운데서 행하게 하려 함이라

만일 우리가 그의 죽으심과 같은 모양으로 연합한 자가 되었으면

또한 그의 부활과 같은 모양으로 연합한 자도 되리라

우리가 알거니와 우리의 옛 사람이 예수와 함께 십자가에 못 박힌 것은

죄의 몸이 죽어 다시는 우리가 죄에게 종 노릇 하지 아니하려 함이니

예수님의 성찬식 선언 3가지 - 관유에서 보혈로

이는 죽은 자가 죄에서 벗어나 의롭다 하심을 얻었음이라"(롬 6:3-7)

이 말씀은 바울이 로마 교회 성도들에게 '세례'가 무엇인지 가르친 내용입니다. 여기에는 크게 네 가지 내용이 들어 있습니다.

첫째, 예수님과 합하여 우리가 세례를 받는다는 것입니다. 바울은 예수님의 이름이 없으면 그 세례는 받을 수 없다고 로마 성도들에게 가르쳤습니다. 우리가 '예수는 주'로 고백함으로 예수님의 죽으심에 같은 모양으로 연합한 사람이 되어 세례를 받음으로 우리도 함께 십자가에 못 박혀 죽습니다. 바울은 "내가 그리스도와 함께 십자가에 못 박혔나니 그런즉 이제는 내가 사는 것이 아니요 오직 내 안에 그리스도께서 사시는 것이라"(갈 2:20)라고 고백합니다. 이것은 예수님의 이름으로 세례를 받은 이들만이 할 수 있는 고백입니다.

둘째, 세례와 성찬이 아주 밀접하게 연결되어 있다는 것입니다. 바울은 예수님의 죽으심과 합하여 세례를 받음으로 우리가 예수님과 함께 장사되었다고 증언합니다. 우리가 예수님의 살과 피를 먹고 마시는 성찬식을 통해 예수님과 함께 죽었다는 것입니다. 떡(빵)과 포도주를 마시는 행위가 예수님과 별개로 행하는 행동이라면 성찬식의 의미는 생각할 수 없습니다. 그래서 성찬식은 예수님께서 우리를 속량하기 위해 십자가에서 죽으심을 믿는 사람, 곧 세례를 받은 사람만 참여할 수 있습니다. 세례가 먼저이고, 그다음이 성찬입니다.

셋째, 부활입니다. 예수님께서는 십자가에서 죽으신 후 부활하셨습니다. 예수님의 부활과 같은 모양으로 연합한 사람이 된다는 것은 우리도 부활한다는 뜻입니다. 바울은 예수 그리스도의 부활은 첫 번째 부활이고, 이를 믿는 모든 사람은 예수님을 따라 부활한다고 가르쳤습니다.

넷째는 의롭다 하심을 얻는 것, '칭의(稱義)'입니다. 우리의 옛 사람이 예수님과 함께 십자가에 못 박힌 것은 죄의 몸이 죽어 다시는 우리가 죄에 종노릇하지 않게 되는 것으로, 죄에서 벗어나 의롭다 하심을 얻는 것입니다. 세례를 받은 우리는 예수님의 죽으심을 기념하면서 성찬식을 행하므로 의롭다 하심을 얻습니다. 그런데 이보다 더 큰 것은, 우리가 예수님을 믿음으로 세례를 받고 성찬식을 행하면서 우리도 예수님과 함께 십자가에서 죽고, 예수님처럼 부활할 것을 믿는 것입니다. 바울은 우리가 영원한 부활 영생의 믿음을 가질 때 의롭다 하심을 얻게 된다고 로마 교회 성

예수님의 성찬식 선언 3가지 - 관유에서 보혈로

도들에게 가르쳤습니다.

이어서 바울이 고린도 교회 성도들에게는 가르쳐준 성찬식에 대해 조금
더 깊게 살펴보겠습니다.

"축사하시고 떼어 이르시되

이것은 너희를 위하는 내 몸이니

이것을 행하여 나를 기념하라 하시고

식후에 또한 그와 같이 잔을 가지시고 이르시되

이 잔은 내 피로 세운 새 언약이니

이것을 행하여 마실 때마다 나를 기념하라 하셨으니

너희가 이 떡을 먹으며 이 잔을 마실 때마다

주의 죽으심을 그가 오실 때까지 전하는 것이니라"(고전 11:24-26)

예수님께서 어느 다락방에서 유월절 음식을 함께 나누기 위해 열두 제자
와 함께 모인 자리에서 감사기도하시면서 성찬식을 평생 기념할 예식으
로 정해주셨습니다. 이미 예수님께서는 '주의 죽으심'을 작정하시고 감사
기도로 첫 번째 성찬식을 시작하신 것입니다.

예수님께서 공생애 기간에 감사기도하시며 오병이어의 기적을 일으키신 적이 있습니다. 그때 예수님께서는 5,000명이 넘는 사람들과 빈 들에서 긴 시간을 보내시며 하나님 나라를 가르치셨습니다. 그런데 날이 저물어 가자 제자들이 예수님께 "이곳은 빈 들이요 날도 저물어가니 무리를 보내어 두루 촌과 마을로 가서 무엇을 사 먹게 하옵소서"라고 말했습니다.

그러자 예수님께서 제자들에게 "너희가 먹을 것을 주라"라고 말씀하십니다. 이에 제자들은 "우리가 가서 이백 데나리온의 떡을 사다 먹이리이까"라고 대답하며 의아해하며, "떡 다섯 개와 물고기 두 마리가 있더이다"라고 당시의 상황을 말씀드렸습니다.

그러자 예수님께서는 모든 사람을 오십 명, 백 명씩 그룹을 지어 잔디 위에 앉게 하신 후 "떡 다섯 개와 물고기 두 마리를 가지사 하늘을 우러러 축사하시고"(마 14:19) 떡을 떼어 제자들에게 주시며 사람들에게 나누어주게 하셨습니다. 우리는 그날의 사건을 오병이어의 기적이라고 부릅니다. 또한, 예수님께서는 칠병이어의 기적도 일으키셨습니다. 이처럼 예수님께서는 공생애 기간에 감사기도하시고 떡을 떼어 주시며 사람들을 먹이신, '보이는 말씀'의 기적을 행하셨습니다.

예수님의 성찬식 선언 3가지 - 관유에서 보혈로

이와 마찬가지로 성찬식은 예수님께서 제자들과 함께한 3년 공생애 마지막 날에 일으키신 '보이는 말씀'으로의 기적이었습니다. 그날은 역사적으로 1,500년 제사장 나라에서 마지막 유월절이 되는 날이기도 했습니다. 이때 예수님께서는 특별한 형식을 보여주셨습니다.

예수님과 제자들은 예수님의 공생애 기간에 이미 두 번의 유월절을 함께 지냈을 것입니다. 그랬기에 3년 공생애를 지나는 즈음 무교절의 첫날에 제자들이 예수님께 나아와서 "유월절 음식 잡수실 것을 우리가 어디서 준비하기를 원하시나이까"(마 26:17)라고 질문했던 것입니다. 그때 예수님께서는 "성안 아무에게 가서 이르되 선생님 말씀이 내 때가 가까이 왔으니 내 제자들과 함께 유월절을 네 집에서 지키겠다 하시더라 하라"(마 26:18)라고 말씀하셨고, 제자들은 예수님의 말씀대로 유월절을 준비했습니다. 그날 유월절 준비를 위해 보내신 제자가 베드로와 요한이었다고 〈누가복음〉에 기록되어 있습니다.

예수님과 제자들이 지킨 세 번째 유월절은 첫 번째, 두 번째 유월절과 달랐습니다. 예수님께서는 제자들과 함께 유월절 먹기를 원하고 원하였다고 말씀하시면서 이 유월절을 하나님의 나라에서 이루기까지 다시 먹지 않겠다고 하셨습니다. 즉, 제사장 나라 1,500여 년 동안 지켜온 유월절을 오늘로 종료하신다는 말씀이었습니다.

그러시면서, 예수님께서는 오병이어 때 떡과 물고기를 가지고 감사기도 하셨듯이 감사기도하시면서 떡을 떼어 "이것은 너희를 위하는 내 몸이니 이것을 행하여 나를 기념하라" 하시고, 포도주 담긴 잔을 드시고 "이 잔을 내 피로 세운 새 언약이니 이것을 행하여 마실 때마다 나를 기념하라"라고 말씀하셨습니다. 이는 참으로 놀라운 '새 언약' 선언이었습니다. 예수님께서 옛 언약인 시내산 언약은 종료되고 이제부터 새 언약이 시작된다고 선포하신 것입니다. 그렇게 예수님께서는 떡(빵)과 포도주를 가지고 "나를 기념하라"라고 하시면서 성찬식을 제정해 주셨고, 떡(빵)과 포도주를 먹고 마실 때마다 예수님의 죽으심을 예수님께서 오실 때까지 계속해서 반복하면서 기념하라고 말씀하셨습니다. 바울은 이 내용을 편지로 써서 고린도 교회 성도들에게 보내 성찬식에 관해 가르쳤습니다.

예수님의 성찬식에 관해 바울이 고린도 교회에 가르친 내용은 네 가지 포인트로 살펴볼 수 있습니다.

첫째, 바울이 가르친 것은 예수님께서 주신 성찬식이 '새 언약'이라는 것입니다. 제사장 나라 1,500년의 옛 언약 기반 위에 체결된 새 언약은 다시 바뀌지 않는 약속입니다.

둘째, 예수님의 살과 피로 세운 새 언약 성찬식을 행할 때마다 '예수님을 기념'하라고 가르쳤습니다. 우리의 죄를 고백하고 예수님을 향한 믿음을 고백하는 세례는 평생에 한 번 하는 것입니다. 만약 세례를 반복한다면 예수님께서 세우신 계획을 무시하며 죄를 짓는 것입니다. 우리는 세례를 받은 그 경험을 평생 기억하면서 성찬식을 반복하며 예수님을 기념해야 합니다.

셋째, 떡(빵)을 먹고 잔을 마실 때마다 주의 죽으심을 예수님께서 오실 때까지 전하라고 했습니다. 즉, 바울은 자신만 이 사실을 알고 기념할 것이 아니라 예수님께서 오실 때까지 모든 민족에게 복음을 전하는 '지상명령의 사명'을, 성찬식을 통해 기념하며 함께할 것을 가르쳤습니다.

넷째, "주의 죽으심을 그가 오실 때까지"라는 말 그대로 지상명령의 수행과 성찬식은 예수님께서 '재림하시는 그 순간 종료'된다는 것입니다.

바울의 편지를 받았던 고린도 교회 성도들은 얼마나 행복했을까요. 로마 교회 성도들은 또 얼마나 행복했을까요. 그들은 세례를 통한 놀라운 은혜, 그리고 성찬식을 통한 놀라운 은혜를 체험하면서 그리스도인 됨의 기쁨을 누렸을 것입니다.

〈사도행전〉에서 〈요한계시록〉까지는 모두 예수님의 선언을 증언한 내용입니다. 모든 그리스도인은 베드로처럼, 사도 요한처럼, 바울처럼 예수님의 첫 번째 성찬식 선언을 증언해야 합니다. 언제까지 증언해야 합니까? 모든 그리스도인은 예수님께서 재림하실 때까지 증언해야 합니다. 예수님께서 말씀하신 지상명령과 지상명령을 수행하는 증인의 증언은 일맥상통합니다. 예수님의 지상명령은 곧 우리의 증언이 되어야 합니다. 그래서 그리스도인은 성찬식을 함께 기념하면서 성찬식 때 예수님께서 말씀하신 세 가지 선언을 증언하며 살아야 합니다.

그리스도인들은 더는 어느 곳, 어느 날을 특정하여 기념하지 않습니다. 우리는 언제 어디서나 온 인류를 향해 베푸신 하나님의 위대한 은혜를 성찬식을 통해 기념할 수 있고 증언할 수 있습니다. 또한 성찬식을 통해서 위대한 '관계'가 설정됩니다.

예수님의 성찬식 선언 3가지 - 관유에서 보혈로

우리는 세례를 통해서 믿음으로 예수 그리스도와 하나가 되는 그리스도인이 되고, 성찬식을 함께 기념하면서 예수님의 살과 피를 나눈 형제와 자매가 됩니다. 성찬식 매뉴얼을 예수님께서 설정해 놓지 않으셨다면 우리가 무슨 방법으로 그리스도인으로 살아가며, 그리스도 안에서 형제와 자매가 될 수 있겠습니까?

성찬식으로 인해 우리는 마음껏 예수님의 인류 구속 사역의 은혜를 깨닫고 감격할 수 있습니다. 예수님의 십자가 순종의 헌신으로 우리가 믿음과 소망과 사랑의 삶을 살 수 있는 그리스도인이 된 것입니다. 예수님께서 첫번째 성찬식 때 주신 세 가지 선언을 기록대로 충분히 이해한다면 우리는 더 깊은 감동으로 성찬식을 준비할 수 있습니다. 그리고 "나를 기념하라"라고 하신 예수님의 말씀을 모든 그리스도인과 공유할 수 있습니다.

성경을 한 번 읽고 성찬식에 참여하면 감동이 커지고, 또 한 번 더 읽고 공부하고 참여하면 감동이 더욱더 커집니다. 그렇게 커진 복음의 감동이 우리 삶에 가득할 때 우리는 성찬식에 참여할 때마다 예수님의 지상명령을 수행하는 그리스도인들이 더욱 많아지기를 소망하게 될 것입니다. 더 많은 사람이 '나라와 제사장이 되도록 이끄시는 은혜'의 자리에 초대되기를

그리스도의 승천 | 로버트 빌헬름 에크만 作

소망하며 예수님의 증인으로서 사명을 다하게 될 것입니다.

"오직 성령이 너희에게 임하시면 너희가 권능을 받고
예루살렘과 온 유대와 사마리아와 땅끝까지 이르러
내 증인이 되리라"(행 1:8)

예수님의 승천 이후부터 재림 때까지 증인의 사명, 지상명령의 사명이
우리에게 있습니다. 그때까지 보혜사 성령님께서 항상 우리와 함께하십
니다.